老いの思考法

山極寿一

文藝春秋

はじめに

この本を手にしてくださった方は、いまどんなライフステージを生きているでしょうか。

お年を召された方から、身近にシニアのご家族がいる方々まで、きっと人生のさまざまな思いを抱えて、老いというテーマに関心をもたれていると思います。

人生を振り返って、晩年の幸福のかたちをゆっくり見つめ直したい人もいれば、辛い病を抱えて、生きる意味を模索している人もいることでしょう。

じつは、**人間だけが、長い時間をかけて老いと向き合います**。

動物は、基本的に繁殖能力がなくなったら死ぬので、長い老年期というものがありません。人生後半戦をどう生きるかというのは、人間だけがもつ問いです。

いつからか人は、何歳まで生きるか？　という寿命が大きな目標になりました。しかも、〝長寿を前提に〟人生を設計するようになりました。

高齢者が生きる意味を見出さなくてはならなくなったのです。

人間社会は、**離乳期**と、**思春期**と、**老年期**という三つの固有の要素から成り立っています。

動物に、離乳期はありません。おっぱいを吸い終わったときに永久歯が生えているので、すぐに大人と同じ固いものを食べられます。繁殖能力が備わっても繁殖をしない思春期というのも、人間だけです。そして長い老年期——人間を人間たらしめる最大の特徴がそこにはあります。

少子高齢化が急速に進み、高齢者が社会で孤立しがちな時代において、人間にとって老いとは何であるか？　そこに秘められた大きな可能性を問い直していきたいと思います。

私は長いあいだ、霊長類の研究を通して、人間とは何なのか、どこから来てどこにゆくのかを探究してきました。サルや類人猿（ゴリラやチンパンジーやオランウータン）

の生態は、人類のルーツがどこにあり、なにが人間を根源的に特徴づけるものなのか、700万年の進化史を通して、私たちの本質を浮き彫りにしてくれます。

私ももう73歳になりました。私の人生や研究に大きな影響を与えてくれた恩師たちはすでに鬼籍に入られました。老いをテーマにした本を初めて書こうと思ったのも、忘れがたき人々の追憶とともに、老いに宿る希望を私自身が見つめ直したかったからに他なりません。

本書では、人生の老年期をどう捉え直したらいいのか、老いをめぐる新しい思考法を提示したいと思います。**考え方ひとつで、老いは新しい価値をもって私たちのなかに立ち上がってきます。**

年をとることを、「さびしい」「苦しい」と感じられている方々が多くいます。「年をとるのは嫌なものだね」と口癖のように言う人もいます。もちろん個別のご事情はいろいろあるのでしょうが、いつも「さびしい」「苦しい」という考えにとらわれているのなら、それは〝老い方〟が間違っているのです。

老いは、忌避すべきネガティブなものでは決してありません。
人間の老いの力は、とても豊かな可能性を秘めています。
この本が、みなさんにとって幸福な時間への手引きとなれば嬉しく思います。

老いの思考法　目次

はじめに　1

第Ⅰ章
老いの力

人はなぜ〝人生後半戦〟が長いのか？
180万年前の介護　18
おばあちゃんの重要な役割　20
「多子高齢化」という社会モデル　22
効率性とは無縁の老いの力　25

ゴリラは老いるほど美しくなる
進化の隣人の老い　28
成熟さの指標　31
美しさのなかの愛嬌　35

縁側から老人の知恵を！

縁側の原風景　38

身体知こそ老人の宝　40

ご老人の「仲裁力」

おばあちゃんザルの驚くべき行動　43

編成原理の全く違うものを両立させる力　45

人間の老年期とは何か

激動の時代　48

ゴリラを知って、人間を知る　49

ゴリラは「負けない」　53

人間が共感能力を高めた理由　56

ボケの力

2種類のボケ　63

ゴリラもボケる　65

ボケの教育 67

言葉に頼りすぎない
人間の脳が大きくなった理由 70
社会関係資本の適正規模 74
高度情報化社会と言葉 75

第II章

老いとライフスタイル

動き回りなさい——多拠点居住のすすめ
野生動物に鬱はない 80
拠点を複数つくろう 83

学びの場を関係人口の起点にする

「ふつうの学校をつくる」プロジェクト —— 88
「予測できないもの」に対処する直感力 —— 90
狩猟採集民的な学びのモデル —— 93

サルに〝猿真似〟はできない

「教える」行為を動物はしない —— 98
「共感能力」の発達が教育を可能にした —— 102
人間だけが多くの大人が関与して教える —— 104

歯は命！

歯周病にご用心 —— 107
食べるという行為 —— 110
内と外はつながっている —— 113

共食のすすめ

食事は音楽的なコミュニケーションの時間 —— 115

ゴリラの食事中のハミング 117

お腹を抱えて笑おう

ゴリラはお腹で笑う 119

離婚なんて怖くない

類人猿はメスが動く社会 122
共感力が人間社会をつくった 125
共同体があれば生きていける 127

第III章

忘れがたきもの

老年のタイタスとの再会

タイタスと遊んだ日々 130

26年ぶりの再会 133

〝ワガママ〟に生きた今西錦司さんの精神

未知に挑むパイオニアワーク 138
「今西さんは、何言ってるかわからん」 140
ワガママに生きたほうがいい 142

「煙の先生」伊谷純一郎さんの思い出

ルソーへの批判 145
遊びと「平等」の思わぬ関係 148
アフリカでは「煙の先生」と言われ…… 152

〝身体が弱かった〟河合雅雄さんの道

小学校に半分も行けなかった 157
身体の弱さが生んだ実験的手法 160

死者を弔うということ
葬送儀礼を発達させた人類 163
パラレルワールドへの想像力 165
ゆっくりと別れる 168

第Ⅳ章 老いの気構え

良い老い方の三つの条件
愛嬌が生む安心感 172
「運の良さ」を決めるもの 174
背中で語れ 175

数をわきまえる
集団と数の法則　178
信頼はリアルな対面で作られる　181
老いてこそ美しく着こなす
装いに人生の厚みが出る　183
後ろ姿の美しさ　185
性の悩みを超えて
発情期を喪失した人間　187
美しく老いなさい　190
終活について思うこと
「縁」の喪失　193
物が人と人とをつないでいた　195

死とどう向き合うか

動物は死から生を考えない　198
有限性のなかで人生設計が始まる　200
一期一会という覚悟　203

自然の時間を取り戻す

時間は未来から流れている　205
時間を止めて文明を作った人間　206
自然の時間に戻ろう　209

あとがき　212

老いの思考法

第 I 章

老いの力

人はなぜ〝人生後半戦〟が長いのか？

180万年前の介護

動物にとって、生殖が生きる最大の目的だとするならば、なぜ人はかくも長く、豊かな老いの時間をもっているのでしょうか？　人間だけがどうしてこんなにもゆっくりと時間をかけて死に向かっていく、一見〝非効率な〟人生後半戦を進化史のなかで獲得したのでしょうか？　そんな大テーマについてみなさんと一緒に考えていきたいと思います。

高齢者は独りで生きていくことが難しい。基本的には介護が必要になります。

介護という存在を人類の進化史にたどると、じつはそれほど古いものではなく、**最古の例は180万年ぐらい前**にさかのぼります。片腕が利かなくなったり、歯が全部なくなってしまって食べられなかったりする人がかなり長い間生きていたという証拠が見つかっています（ドマニシ遺跡）。歯がなければ固いものが食べられず、仲間が柔らかい果実や骨髄をとってきて与えてくれていたはずです。つまり、共同体のなかで介護を受けていたわけです。

介護はサルや類人猿にはない人間に特異な行為です。ゴリラやチンパンジーなどの老齢個体は若い世代から尊敬されますが、自分で食物を食べられなくなったら、独り死出の旅に立つのです。

原人＝ホモ・エレクトゥス誕生のころから、ケアがなされていたというのは感慨深いものがありますが、それより前に観察されるのが「人間の子ども期が長くなった」という事実です。

じつは、「高齢期」と「子ども期」が長くなったことは、人間が採用した生存戦略と密接に結びついているのです。

おばあちゃんの重要な役割

その秘密は、**人間が200万年前に「難産」になった**ことに関係しています。

人類は、700万年前に、チンパンジーとの共通区分から分かれて、二足で立って歩き始めました。すると、骨盤で上半身の重さを受け止めないといけないので、段々と骨盤の形がお皿状に変わっていきました。

そんなお皿の真ん中に産道があるわけですが、骨盤を広げると強度が落ちてしまい、歩行が蟹股《がにまた》になってしまうので、どうしたって産道はあまり広げられないわけですね。

ところが、200万年前に人間の脳が大きくなり始めます。そこで、胎児のうちに脳を大きくして頭の大きな子どもを産むか、産んでから脳を大きくするしかないわけですが、産道の大きさ的に前者は無理です。

そこで、比較的小さな頭で生まれた**人間の赤ちゃんは、生後1年間で脳の大きさが2倍になる。**そういう、非常にアクロバティックな成長の仕方をするようになりました。

ゴリラの赤ちゃんは脳が4歳までに2倍になりますから、人間の赤ちゃんはゴリラの4倍のスピードで脳が成長します。だから、脳が大きくなれるように赤ちゃんの頭頂部の骨はブカブカに開いています。狭い産道で頭をギューッと押さえつけるので、赤ちゃんは生まれるとき頭がすごくすぼんでいる上、90度回転して生まれてきます。そのために人間の女性は難産になってしまった。

つまり、人は一人で子どもを産めなくて、時間がかかります。出産のときに命を落とす母親もいるし、赤ん坊の命も危険にさらされる。出産は、ゴリラやチンパンジーやサルにとってわずか数分で終わる簡単な作業なのに、**人間にとっては命がけの大仕事**になってしまったのです。

だから、難産という大事業はなるべく体力のあるうちに終えて、まだ元気だけれど子どもを産むのはやめましょう――これが閉経なんですね。チンパンジーは60歳過ぎても子どもを産んでいる例があるほどですから、人間が40～50代で閉経するのは他の霊長類に比べてかなり早い。ゴリラもチンパンジーも子どもが産めなくなったら、だいたい5年以内に寿命を迎えるのとは対照的です。

人が出産を終えてから長いこと生きるようになった理由は、この「難産を手伝う」ことにあります。出産という一大リスクに対して、経験豊かなおばあちゃんたちが出産を手伝い、産後も幼児の成長をみんなで助けるという**「共同保育」**を始めた。人間は閉経を前倒しにし、次世代の出産を助け、孫たちの世話をすることで生存価値を高めたわけです。

これを「おばあちゃん仮説」といいますが、人類の生存戦略の鍵は、高齢者が握っていたのです。

「多子高齢化」という社会モデル

ゴリラやチンパンジー、オランウータンと違って、人間の祖先だけが、熱帯雨林を離れて、草原に出てきました。大型の肉食動物がウヨウヨしている環境のため、たくさん子どもを産む必要に迫られたわけですね。

ところが人間は、サルや類人猿と同じように「一産一子」で一度にたくさんの子どもを産めないので、代わりに出産間隔を縮めて、何度も子どもを産めるようにしました。だから類人猿よりも赤ちゃんの養育期間を短くする必要があった。

母親がおっぱいをやっていると、プロラクチンというホルモンが分泌されて排卵を抑制するため次の子どもを産む準備ができません。だから、赤ちゃんをおっぱいから引き離す必要があるわけですが、代わりに離乳食を食べさせなくてはいけない。農耕も牧畜も始まっていないころ、熟した柔らかい果実のようなものを用意しなければならなかったわけです。

人類は、そういう高いコストを払っても、離乳期の子どもたちをみんなで育てたわけです。そこに、一番関わっているのが、おばあちゃん。

つまり、**人間が多産になり、育児の手が必要になったときに、その手を差し伸べてくれたのが、おばあちゃん**なのです。シニアの女性たちの多くは自分も子育ての経験があるベテランですから、安心して任せることができます。

高齢者が急増した化石証拠があるのはいまから3万年ぐらい前からです。おそらく言葉をしゃべるようになって、過去の経験を次世代に正確に伝えられるようになり、高齢者の価値が増したのでしょう。そのおかげで人類はたくさんの子どもをつくって生きながらえることができ、なおかつ人口も増やすことができたのです。高齢者が増えるというのは当然介護の必要も生じるわけですが、それを補ってもあまりある大きな恩恵を共同体は得たわけです。

人類はつい最近まで、長らく「多子高齢化社会」を歩んできました。高齢者がいたからこそ、多子が成り立ってきました。

しかしいま、少子高齢化社会という異常事態が生じています。本来ならば、子育てのサポートに精を出すはずのおじいちゃん、おばあちゃんが、その機会を失い、時間を持て余している。本来子どもがたくさんいるからこそ、高齢者はいきいきと社会のなかで触れ合って生きていけるし、子どもたちが成長するためにも不可欠な存在だったのに。

高齢者たちが「子どもを育てる居場所」がなくなってしまったことは、人類史的に見て大きな損失なのです。

効率性とは無縁の老いの力

効率性や生産性というのを金科玉条のごとく掲げてきた現代社会において、老いの時間というのは、功利性とは無縁のところにあるアジール（聖域、自由領域）とも言えます。

人生をコストとベネフィットで見て、つねに時間を分母に考えていると、ものの考え方がゆがみます。楽しいものは楽しいし、時間を存分にかけて構わない。本来、人はそういう功利的な時間から一歩脱して、**自他の境界がゆるやかな「ともに在る」時間**を大切にして暮らしてきました。「私がいる」というよりは、「ともに在る」という状態の豊かさのなかを生きていたのです。

興味深いことに、ゴリラのお母さんは生後1年間は子どもを片時も離さず一体化しているので、自他の区別がなく、子どもをケアすることが自分の身体をいたわることと同義です。だからゴリラの赤ちゃんは基本的に泣きません。チンパンジーの赤ちゃんもそうです。ケアを求めて注意を引く必要がないんです。

ところが人間の赤ちゃんは盛大に泣くんですね。お母さんと赤ちゃんはべつべつのものという感覚が強いから。お母さんは生まれてすぐの子でも祖父母に預けたりするでしょう。人間の赤ちゃんは「こっちを見て」とケアを求めて泣く。これは人間の進化史上の選択なわけですが、ともに在るゴリラの子育てのあり方は一つのヒントを与えてくれているようにも思います。

いまや核家族の少子高齢化社会において、子育ては「コスト」になってしまいました。ストレスフルな日々において、自分の時間を削られていると思ってしまう保護者も多い。社会のあらゆる「時間」や「労力」には対価を払うという感覚が、育児を「仕事」にしてしまった側面もあるのでしょう。

でも本来の子育ては「ともに在る」楽しい時間です。

あなたの時間は私の時間、私の時間はあなたの時間――だから私たちの時間。そんなふうに考えると、別にそれはコストではない。

そして育児は親だけが背負う必要はまったくありません。高齢者たちに育児にかかわってもらうのは、人類が選択した生存上の知恵ですから、遠慮なく手伝ってもらったらいいのです。

高齢者は、とかくギスギスしがちな、隙間のない世界に風を呼び入れて、余白を作ることができる存在です。**効率という呪縛に風穴をあけられるのが老いの力**ではないでしょうか。

ゴリラは老いるほど美しくなる

進化の隣人の老い

ゴリラは私たち人間にとって進化の隣人です。チンパンジーやオランウータンと並んで人間にもっとも近縁な動物で、遺伝子はわずか2%ほどしか違いません。900万年前にゴリラとの共通祖先から分かれて以来、さまざまな祖先が生み出されましたが、現在一種類の人類しか生き残っていません。

化石が物語るものはほんのわずかな手がかりですから、もしもゴリラがいなくなってしまったら、私たち人間がそのルーツにおいてどう生きていて、どんな社会をもっていたのかがわからなくなってしまうんですね。

私は長年ゴリラの調査・研究を続けてきましたが、ゴリラの特筆すべき特徴の一つに、老いの美しさがあります。ゴリラのオスは年をとると、**背中が白銀色に染まって、シルバーバックになります**。頭頂部も突出して、堂々とした威厳をもつようになります。

やがて白銀色の毛が腰や脚にまで広がったオスは、群れの先頭に立って暗い森を移動するときも、仲間を迷わせません。暗い森のなかで、白銀色に光り輝くようになるからです。

老齢のオスは、老いるほど美しくなるのです。

ゴリラの世界では、老いたオスもメスも群れを追い出されることなく、若い世代から敬われて暮らします。

これは、ニホンザルとは対照的で、サルのメスは生まれ育った群れを生涯離れませんが、老いると力が弱って邪魔者にされてしまいます。オスのほうはさまざまな群れをわたり歩きますが、年をとると、しばしば若くて強いオスに追い出されます。

しかし、ゴリラの社会では、オスもメスも思春期に生まれ育った群れを出たあと、メスは気に入ったオスを見つけて新しい群れで生活を送り、オスはしばらく単独で暮らした後にメスを誘い出して自分の群れを作ります。ここでいったん自分の群れを作ったら、外から来たオスにも自分の息子たちにも追い出されたり、邪険にされることはありません。

その理由はなんだと思いますか？

じつは、**オスの子育てに秘密がある**んです。ゴリラの赤ちゃんが離乳したら、お母さんは父親に預けて、育児を任せるようになります。子どもたちは一日中父親の後をついて回り、父親のそばにベッドを作って眠るようになる。

父親のまわりで遊ぶ子どもたちは、なにか不安があるとすぐシルバーバックのお腹に抱きつきます。お腹がポコンとして大きいから抱きつきがいがありますし、その美しい背中にのっかって居眠りをしたり、すべり台にして遊んだりもします。お腹と背中は、子どもにとって親しみやすく、とても居心地のいい場所なんですね。

シルバーバックは子どもたちに寛容で、子どもたちの間にケンカが起こればすかさず割って入って仲裁します。えこひいきをしないで常に小さい子を助けるので、子どもたちは安心してシルバーバックについて歩くようになるんです。

かたや母親は、育児から解放されると発情して次の子どもを作ります。別のオスのもとへ走るメスもいますが、子どもたちは父親のもとに残ります。こうして思春期を過ぎても子どもたちはシルバーバックに頼り続け、この親密な関係が、老いたシルバーバックを敬い従うことにつながっていると考えられるのです。

成熟さの指標

ゴリラのイケメンは、ある意味〝イクメン〟です。

名古屋の東山動物園で、世界的に有名になったイケメンゴリラ・シャバーニ。彼は、10歳頃にオーストラリアのタロンガ動物園から来ましたが、当時はどうしようもないヤクザなゴリラでしたよ。すぐに自分の力を誇示する暴れん坊ゴリラ。ところが、子どもができて、育児をするようになると、ガラリと変わって格好良くなったんです。

日本で、家族と暮らすゴリラのオスは3頭しかいませんが（京都市動物園のモモタロウ、名古屋・東山動物園のシャバーニ、東京・上野動物園のハオコ)、みんな格好いいんですね。

ゴリラのオスは、子育てをすると物すごく優しくなり、体つきが変わります。頭の上のほうがぼこっと盛り上がり、腕の先の方の毛も長くなって、優しさと威厳が同居しているような構えになる。これが美しい。

若いころって威厳を醸し出そうとして精一杯やっているから、周りも見ていて恥ずかしいものですが、そこに優しさが伴うようになると余裕が出てくる。それは人間にも当てはまる「成熟さ」の指標だと思います。

成熟した優しさは、実際に子どもと遊ぶなかで培われます。一番重要なのは、子どもに頼られること。子どもに頼られるようになって、ゴリラは初めてお父さんらしさが出てきます。

乳離れした子どもたちの安全を守り、子どもたちを仲良くさせて社会勉強させるのは父親の仕事です。

ゴリラのメスがオスを選ぶ基準は非常に厳しくて、子どもの世話や保護ができない

ゴリラのオスは老いると、背中が白銀色の美しいシルバーバックになる。子ゴリラたちは父親のまわりで遊ぶ。

ルワンダでマウンテンゴリラの調査をする著者

コンゴ民主共和国カフジにて

ガボン共和国ムカラバにて

子どものニシローランドゴリラ

老いたシルバーバック（タイタス）

オスは捨てられます。だから、ゴリラのオスは、メスの声にはそんなに敏感に反応しないけれど、子どもの声には敏感なんですよ。子どもが悲鳴を上げるとあっという間に飛び出してきます。子どもを守り、世話をすることが、オスがメスに気に入られる大きな条件ですから。

父親に育てられた息子たちは、成長して力が強くなっても、決して父親を邪険に扱うことはありません。たとえ、メスたちが群れを離れても、子どもたちは父親を慕って群れに残るので、オスは一人ぼっちになることがないですし、外から強大なオスがメスを誘惑しにやってきても、子どもたちが父親を見捨てることはない。だから、ゴリラのオスは死ぬまで群れのリーダーであり続けることができるのです。

美しさのなかの愛嬌

人類の祖先の社会も、こうしたゴリラと似たような特徴を持っていたのではないかと考えられます。

狩猟採集民の多くの社会では、お母さんよりもお父さんのほうが、子どもを抱く時間が長かったりします。男が担う狩りのほうがそんなに時間がかからないため、キャンプに戻ってきたら子どもと遊ぶ。女は調理と、洗濯もしないといけないため、暇な男たちが子どもの相手をします。アフリカのさまざまな民族を見ていても、子どもに好かれることが、男の魅力の大きな部分を占めているんですね。

オスが「子どもを預ける相手としてふさわしいかどうか」でメスに選ばれ、子どもたちに保護者として慕われて父親になる。イクメンだからこそ、年をとってもイケメンでいられる。

晩年のゴリラの姿には、美しさのなかにどこか愛嬌もただよっています。人も年をとると、とりわけ男は、性的魅力から子どもに憧れられる魅力へ、あるいは親しみを感じさせるような外見へと、変化していきますよね。若いときは筋肉質で眉毛もハッキリしていて、髭も濃くてという躍動的な身体で性的な魅力があふれている。でも、年をとると、だんだんお腹がぽっこり出てきて、筋肉も衰え、頭は白髪になったり禿げたりしていく。

世間的には、お腹が出てくるのを、単に年をとって醜くなっていくと思っているかもしれませんが、それは間違っています。高齢者が子育てをするというのは人間の進化史のなかに埋め込まれた生存戦略ですから、**老いて外見的に子どもに好かれやすい特徴になるのはむしろ当然のこと**なんですね。

老いてなお、未来をつくる子どもたちを育てるからこそ気に張りがでるし、美しくもなれるもの。人間の社会も、そうやって形作られてきたのだと思います。

縁側から老人の知恵を！

縁側の原風景

日本文化には４００年以上続いた隠居制度というものがあって、これはとても重要な文化でした。まだ働ける戸主が後継者に家督を譲る制度ですが、壮年期の権力争いから一歩先に退いて、風流に生きる。そういう人たちがいることによっていろんなトラブルが解消されたり、違うものの見方ができる。社会のなかで風通しをよくする文化的な装置だったとも言えます。

日本の家屋には、ご隠居さんにかっこうの居場所があって、それは**縁側**でした。

縁側というのは、家の内でも外でもない場所で、そこではお茶を飲んだり外来の客をもてなして世間話をするなど、**現実の世界のしがらみから、ちょっと超越した場所**です。庭を通ってふらりと入ってくる人がいて、庭木や季節の草花を眺めながらお茶を飲む。そういう半分プライベートで半分パブリックな空間があるからこそ日々の暮らしに余裕と交流が生まれてくるのではないでしょうか。

昭和27年生まれの私は、東京郊外の国立《くにたち》で育ちましたが、家の目の前に一橋大学の大きなグラウンドがあって、鬱蒼としたヤブや雑木林で、ターザンごっこや忍者遊び、秘密基地をつくったりしては遊んでいたものでした。少し南下して南武線をこえて多摩丘陵に出ると、田園風景がずっと広がっていて、多摩川では釣りをしたり畦道沿いの小川でドジョウすくいをしたりしていましたね。

当時はどこもかしこも、近所は縁側だらけでした。鍵なんてかけてる家はほとんどなかったし、ふらっと友達の家に行って、「○○ちゃん、遊ぼ」と縁側から呼びかければ、「おやつ食べていかない?」と言われる。よく縁側でジュースやお菓子をもらったし、そこでは近所の老人たちが碁や将棋を指していました。

縁側では、「あそこの子は、この前大学に落ちたよ」とか「あいつが野球大会で活躍してね」とか大人の世間話が筒抜けです。遊びながらも聞き耳を立てて、近所の出来事を知ったりして、「ああ、こんなことをしたら笑われるんだ。逆にこういうことは褒められるんだ」と、世の中の道理を知る機会にもなっていた。

子どもにとって人生勉強ができる場でもあったし、そこでは隠居老人たちが存在感を持って生きていたわけです。

現代のマンションのような閉鎖空間では、高齢者のいる場所がなくなりやすいのも当たり前。そもそも庭がないし、完全に閉じた場所ですから、子どもたちとの接点も持ちようがないでしょう。

身体知こそ老人の宝

縁側的な場所は、じつはヨーロッパにもいろいろあります。たとえばスペイン語でパティオ（patio）と呼ばれる、建物と建物で囲まれた中庭は、古代ローマ時代からあった様式で、そこでは老人たちがたむろしながら話をしています。

面白いのはパリでもアラブ社会でも、カフェのベンチが街路に出ていて、そこに老人たちが腰掛けています。それで通りがかりの人たちと話をする。そういう社会と高齢者との接点が街のいろいろな場所にある。

老人は、**体力はないけれど、「喋る力」と時間はすごくある。**そのおしゃべりは社会の潤滑油となり、まだ若者たちが経験していないことを伝える機会となりました。以前は子どもたちに昔話をする高齢者がたくさんいましたよね。自分の体験だったり、「花咲かじじい」のような説話を語って聞かせるのです。

私がゴリラの調査をしたアフリカの奥地では、昔話の持ちネタを一人100話くらいもっていて、聞き手や場所によってどんどん話を変えていました。そういう口頭伝承の世界では、子どもたちへのちょっとした教訓を込めた高齢者たちの語りが、共同体のなかで豊かに受け継がれています。

ただ、かつてのように老人たちが知っていることが若者にとっては目新しかった時代と異なり、いまはインターネットの普及で、新しいことは若者たちのほうがよほどよく知っている。そんな時代には、情報（知識）ではなく「知恵」こそが、高齢者から次の世代への贈り物となるでしょう。

知恵とは、会話の仕方や作法、物事にのぞむときの態度。心構え、気構え、体の構え——そういうマナーとかエチケットや、心の持ち方といった**身体知こそが高齢者のもつ宝**です。

たとえば、花の生け方とか、美味しいお茶の淹れ方とか、お清めの作法とか、単なるものの扱い方だけではなくて、その精神性を通じて、違う世界が開かれるような知恵は、実際にその場にいて直接教えられて体験してみないと理解しにくい領域です。知っている人が導いて、実際にやってもらうしかない。

地域のお祭りでも、サークル活動でも、ボランティアでも、外に目を向けてよく探せば、まだまだ社会のなかで縁側的な場所はあるものです。

そんな場でいかに高齢者の経験的な知恵を他の世代にシェアしていくかという思考法こそが、人生と社会を豊かにする鍵になると思います。

ご老人の「仲裁力」

おばあちゃんザルの驚くべき行動

昔、屋久島で数年にわたって野生ニホンザルの調査をしていたころ、「老いの力」とも言うべき、不思議な行動を目の当たりにしたことがあります。

観察していた集団が二つの群れに分裂し、遊動していたのですが、どっちの群れをみても同じおばあちゃんザルがいるんです。あれ、何これはなんでだろうな？ と。

私たちがポッシーと名付けていたその老メスは、もう腰が曲がり、歩くのもよたよたとしていました。ニホンザルの寿命は20〜30歳ですが、ポッシーは優に20歳を超えているようでした。それが奇妙なことに、どうやら二つの集団を行ったり来たりしているらしいのです。

ある日の昼下がり、分裂した二つの群れが木の下で出くわし、メスたちが叫び声をあげて他の群れを警戒し、若いオスたちが前線に飛び出してきて威嚇音を発しながら向かい合い一触即発状態になったことがありました。

そのとき――。

一方の群れの後方からポッシーがひょこひょこと出てきて、**なんとオスたちがにらみ合っている間を何食わぬ風情で通り過ぎていった**。オスたちも気勢をそがれたような面持ちで、ポッシーに挑みかかることはない。ポッシーは他方の群れに入っていくと、メスや子どもたちを連れて森の中へ消えていったのです。

つまり、ポッシーにとって、対立しているメスたちはどちらも自分と血縁関係にあります。直接子孫じゃない子も一緒の群れにいた仲間なので、両方の群れから敬われていたり、労《いた》わられていたりする宥和的な存在なわけです。

だから、両者が対立しているときでも、若い世代の争いに巻き込まれずに、対立線を越えて、超越した行動にでることができたのです。

これは思わぬ大発見でした。高齢者って、そういう存在なんだ、と。いわば**トリックスター的な振る舞いによって、対立する二つの集団の衝突を避け、互いの遊動域がしだいに分かれて共存できるよう寄与している**。一つの群れが分裂した後は互いに敵対的になるのに、それを仲裁できるサルがいる。

老齢期のサルの不思議な魅力とその社会的役割に、目を見開かれた瞬間でした。

編成原理の全く違うものを両立させる力

ここで改めて、人間の社会集団の成り立ちについて考えてみたいと思います。

ゴリラにしたって、チンパンジーにしたって、基本的に集団で生きるのは、自分の利益が上がるからであって、一人で暮らすよりも集団でいるほうが生存上有利だからです。だから、自分の利益が落ち始めたら、その集団を離れます。

ところが、**人間だけが「家族」と「複数の家族を含む共同体」という重層構造の社会を作りました**。多産で、脳が大きくなり始め、子どもの成長期間が延びて家族だけでは子どもたちを育てきれないから集団的ケアが必要になった。複数の家族が一緒に集まって、子どもたちを共同保育することからスタートした社会組織なんです。

でも、これはシステムとして非常に難しい。

というのも、ゴリラは家族的な集団しか持たず、互いに反発しあうので複数の家族で集まったりしません。逆にチンパンジーは家族がなく、共同体的な集団しか持ちません。

共同体と家族というのは、編成原理がまったく異なるのです。

家族は見返りを求めずに、奉仕し合う集団です。親子なんだから、兄弟なんだからと甘えられる。でも共同体というのは、「互酬性」といって、何かをしてもらえばお返しをする、ギブアンドテイクが原則です。編成原理の違うものを混ぜたら、ぶつかり合いが生じやすくなるのも当然です。

でも、それが両立できたのは、**人間の共感力が高まって、相手の側に立って考えられるようになった**からです。相手と同じような立場に自分もなるかもしれないから手を差し伸べよう、あるいは集団のために尽くすことでみんなが少しずつ利益を得て、最終的にはその利益が自分にも回ってくる、と想像できるようになったのです。

そしてもう一つ鍵となるのが、**功利性から一歩ひいて全体を俯瞰し、みなの糧になるよう調整してくれる高齢者の存在**だったわけです。家族と共同体という編成原理の全く違うものを両立させるための要はお年寄りでした。

何かぶつかり合いがあったときに、両者の立場に立って、いさかいを仲裁することができる力——いろいろな家族や集団の事情を、自分の豊富な体験に照らし合わせて判断し、調整する役割を担える高齢者が尊敬を集めるようになったのです。

ポッシーのように対立する緊張関係をほぐせるのは、長く生きてきた者だからこそできる特権とも言えます。私が暮らしたアフリカの森の社会でも、高齢者がよくケンカの仲裁をしていました。その際、過去に同じような事例に立ち会ったことを話して、それを参考に解決策を提案するのが常套手段でした。

高齢者が本領を発揮できる美徳は、仲裁力にあるんですね。

人間の老年期とは何か

激動の時代

私はこれまで40年以上、アフリカでゴリラの調査をしてきましたが、研究を始めた経緯からお話しししたいと思います。

私が大学へ進んだ1970年は、まさに激動の時代でした。前年の1969年には全共闘の学生たちが東京大学の安田講堂に立てこもって機動隊とやり合い、いくつも大学の入試が中止になりました。3月からは大阪万博が開催され、科学技術にとって豊かな未来が始まるという気運が高まりました。

一方その年の11月、三島由紀夫が「まだ日本は、戦後の総決算ができていない」という主張のもと、市ヶ谷の自衛隊駐屯地で割腹自殺をとげます。戦争が落とした暗い影と、科学の力による明るい未来予想図が同時に存在する、奇妙なねじれがある時代に私の青春は始まりました。

大学ではスキー部に入り、冬はほとんど授業に出ずにスキーばかりやっていたんです。そんなある冬、長野の志賀高原でサルを観察している研究者に出会いました。「何をやっているんですか？」と聞いてみると、「サルを見て人間を調べているんだ」という。このとき私は、人間を知るためには人間の社会を一歩出て、人間に近い動物の社会を研究するという方法があると知ったのです。

ゴリラを知って、人間を知る

当時、盛んに議論されていたのがチャールズ・ダーウィンの「進化論」です。19世紀にダーウィンは進化論を発表し、著書『種の起源』『人間の由来』で「すべての生物は進化の産物である」と発表しました。これにより人間も、ヒトという霊長類の仲間であるという認識が広く伝わったのです。

しかしこの考え方は社会人類学者に誤って応用され、進化した優れた社会集団と、進化しなかった原始的な社会集団という格差を生み出すものだとして批判を浴びました。その結果、人間社会については、進化論の立場から語ってはいけないという論調が強まったのです。

一方、京都大学でアルピニスト・探検家としても活躍した人類学者の今西錦司さんは、ダーウィンの進化論に共鳴したものの、競争原理ではなく共存原理から、「生物社会学」という学問を作りました。人間も他の動物も同じところから進化してきたのだから、社会や文化といった人間独自と思われているものでさえ、動物にもその萌芽が認められるはずという考え方です。

サル学を志した私は、霊長類学者の伊谷純一郎さんの研究室に入り、北は青森県の下北半島から南は屋久島まで、ニホンザルの生息域をわたり歩きました。その結果、サルだけではなく、サルが棲む自然の美しさにも心奪われ、人間もそこから生まれてきたのだと感慨が湧きました。

日本の霊長類学者による研究は1948年に始まりましたが、当初対象にしていたのはニホンザル。しかしそれだけでは人間そのものには肉薄できません。そこで人間と系統的に近いとされていたゴリラを調査すれば、人間が普遍的に持つ家族などの社会構造の起源がわかるのではないかという発想から、1958年にゴリラ研究が始まったのです。

当時ゴリラは、いわくつきの研究対象でした。19世紀半ば、アフリカ大陸でゴリラに初めて出会った西洋の探検家たちにより、ゴリラが西洋社会に紹介されて以来、ゴリラは凶悪なイメージが広まり、危険な動物だというレッテルを貼られていましたから。

私は1978年に、ザイール共和国（現・コンゴ民主共和国）で調査を始めました。そのころ、私よりも10年以上前にゴリラの調査を始めたダイアン・フォッシーという有名なアメリカ人の女性研究者が、隣国ルワンダ共和国で調査をしていました。

ゴリラは見知らぬひとを見ると、警戒して攻撃してきたり、脅かしてきたりします。

それを見て最初の探検家は獰猛な野獣だと思いこみましたが、ダイアンはそうした先入観を覆し、ゴリラと仲良くなった最初の研究者でした。その後ルワンダへ渡った私は彼女のもとで指導を受けて調査をし、ゴリラがじつは非常に優しい動物だということを知りました。

ゴリラは獰猛どころか、戦いを避けようとさえします。ゴリラの有名な動作として、胸を叩くドラミングがあります。これは宣戦布告の行動と解釈されていました。

しかし**ドラミングは決して宣戦布告ではなく、自己主張**なんですね。相手と自分が対等であるという主張であり、むしろ戦いを避けるための提案です。場合によっては戦いに発展することもありますが、しばしばメスのゴリラなどが興奮しているオスをなだめる光景が見られ、実際の戦闘を避けるための仲裁役と言えるでしょう。

のちの研究でゴリラのドラミングと似た行動を、チンパンジーや人間もやることがわかりました。

チンパンジーは、胸を叩く代わりに周辺を叩いたり、足を踏み鳴らしたりします。人間の場合は、歌舞伎の見得というポーズが当てはまります。歌舞伎十八番の一つ、源義経と弁慶を題材にした『勧進帳』の一幕が特徴的です。山伏に従う強力《ごうりき》に変装している義経の正体を関所で見破られそうになったとき、家来の弁慶がそれをごまかそうとさまざまな機転を利かせるのですが、その際に現れるのが手と足を広げて大きく首を振り、睨みをきかせる見得のポーズですね。

チンパンジー、ゴリラ、人間というまったく別々の種が、それぞれのやり方でかっこよい自己主張のあり方を追求すると似た姿になってしまう。それを突き詰めて考えれば、社会の成り立ちがよく似ているとも言えます。

ゴリラは「負けない」

私がとくに注目したのは、**ゴリラは「負けない」**ということです。負けるというポーズが存在しません。大人のオス同士がぶつかりそうになっているとします。そこに別のオスやメスが割り込んできて、対立する二頭のオスの軌道を修正するのです。この仲裁役がいることで、双方がメンツを保って引き分けられる。

ニホンザルの社会ではまた違います。ニホンザルは互いの強さを非常に意識して暮らしています。食べ物や場所を巡って対立が起こりそうになると、弱いほうが必ず先に退き、勝ち負けがすぐついてしまう。

勝つことと、負けないということは違います。勝とうとしたら、相手を屈服させなければなりませんし、押しのけられた側は自分が欲しかったものを奪われたのだから、恐怖や敵意が残ります。これでは仲間を失う危険があります。

それとは逆に、**ゴリラの「負けない」という姿勢は、相手と対等であるということがゴール**なのです。

これに関連して発見したのは、「覗き込み行動」という行為です。顔をぐっと近づけて、正面から向かい合う。これはゴリラの挨拶です。ゴリラは、平静な顔でじっと顔を合わせます。私もゴリラにそうされました。ゴリラが私の顔を覗き込んできたとき、威嚇しているのだと思い込んで顔を背けたところ、ゴリラは視線を合わせようとまた覗き込んできました。

これはニホンザルでは決して起こりません。ニホンザルはやはり、自分と相手のどちらが強いかを常に見極めながら行動しています。見つめられたら見つめ返すというのは強者の特権だから、弱者は視線を避けるか、あるいは歯茎を見せて媚びるように笑いかけます。サルにとっては、両方が平静な顔で見つめ合うということは起こらない。

ここでもやはりゴリラは、対等な関係をゴールにしています。双方が自己主張をし、**メンツを保ったまま対等な関係を維持する**。自己主張というのは難しいものです。主張しないと無視されるし、主張しすぎると反感を買ってしまいますから。

ゴリラが当たり前にやっていることはなかなか高度な社会技法ですが、無意識に人間もやっています。一日に何人ものひとたちと対面して会話をし、視線を交わしていますよね。ただし人間はゴリラのように食い入るほど顔を近づけ合わず、大体1〜2メートルほど距離を置いて対面しています。

この理由は人間の目にあります。他の霊長類と人間の目が違う点は、白目があるところ。この白目のおかげで離れて対面すると目の微細な動きがわかり、相手の気持ちを読むことができる。これは親からも学校でも教わったことはないはずで、人間が生まれつき持っている能力と言えます。人間は共感能力を高める必要がどこかであったのでしょう。

人間が共感能力を高めた理由

じつは、この共感能力を高める必要に迫られたことが、人間とゴリラが異なる最たる点です。それには人間に特徴的な**「共同保育」**が大きく関わっています。

ゴリラは、大人になるとオスは２００キログラム、メスは１００キログラムを超えますが、生まれた直後は１・６キログラムしかありません。お母さんは生後1年間赤ん坊を片時も離さず、３〜４年間はお乳を吸わせて育てます。

一方、人間の赤ちゃんは大きく、体重は3キログラムを超えます。大きな体重で生まれてくるのに成長も遅く、自力でお母さんにつかまれないほど非力です。それにもかかわらず1〜2歳で乳離れしてしまいます。赤ちゃんの乳歯では固いものが食べられないので、作るのに手間のかかる離乳食を与えなければなりません。

この不思議な「離乳期」が生まれた背景には、ヒト科類人猿のなかで、人間の祖先だけが熱帯雨林を出たという要因があります。逃げ場となる樹木が少なく、肉食獣による危険が常につきまとう草原は、生き残るのが難しい環境です。とくに幼児や乳児は逃れようがない。

餌食になる動物は、基本的に子だくさんです。子どもを多く作る方法は二つあって、一度にたくさんの子どもを産むか、出産間隔を縮めて毎年子どもを産むしかありません。

人間の祖先もその課題に直面しましたが、一度にたくさんの子どもは産めませんでした。だから出産間隔を縮めて「多産多子」にするために、赤ちゃんをお乳から早く引き離す必要があった。それによって、**類人猿と比べると驚くほど乳離れが早い、人間にしかない不思議な「離乳期」というものが生まれた**のです。

もっとも早く離乳するゴリラでも3〜4年、チンパンジーは4〜5年、オランウータンにいたっては7〜8年授乳しますから、1〜2年で離乳する人間がいかに短いかがおわかりでしょう。

離乳は早いのに成長の遅い人間の赤ちゃんは、共同保育をしてもらえるように生まれついています。母親から離れると、人間の赤ちゃんは泣く。泣くのは面倒を見て欲しいという自己主張なんです。そして気持ちが良くなればにっこり笑います。その微笑みに、誰もがほだされて一生懸命世話をします。

ここで大きな役割を果たしたのが母親以外の近親者、高齢者なのです。人間が多産になって育児の手が必要になったときに世話をするシニアの存在によって、人口を増やすことができた。人間の老年期が延びたのは、子育て能力が発達したからではないかということが学術的にも言われています。

もう一つ、人間は類人猿に比べると閉経が早く来るという特徴があります。類人猿のメスは寿命が尽きる直前まで子どもを産み続けます。チンパンジーでは60歳を超えて出産した例があるほどです。でも、人間は寿命は70歳を超えるほど延びたのに、40～50歳で子どもを産めない体になります。

その理由は難産になったからだという説があります。直立二足歩行を始めて500万年もたってから脳が大きくなり始めた。その間に直立二足歩行を完成させるために、骨盤の形がお皿状になり、その中心にある産道の大きさを広げることができなくなったのです。骨盤は上半身の重さを受け止めるために強度を増し、さらに両脚を前後に動かすために、脚の基部が付着している骨盤を横に広げられなくなった。そのため、なるべく大きな頭の子どもを産もうとして難産になりました。出産には時間がかかり、母親も赤ん坊も命の危険が伴うようになりました。

そこで、まだ元気なうちに閉経して、若い世代の出産に手を貸したり、孫の育児に関わったりするようになったというわけです。

人間の場合、離乳期の後にもう一つ**「思春期スパート」**と呼ばれる特徴的な時期があります。

人間は脳の成長が異様な速さで進みます。人間の赤ちゃんの脳は、ゴリラの赤ちゃんよりちょっと大きいぐらいで生まれ、その後1年間で2倍の大きさに脳が成長します。ゴリラは4歳で2倍になって脳の成長がストップしますが、人間は12歳から16歳ぐらいまで脳が成長し続けます。

結果、摂取エネルギーの大半を脳の成長に回すことになります。成長期の人間の子どもは摂取エネルギーの45〜80%を脳の成長に費やしているのです。そして12歳から16歳で脳の成長がストップすると、今度はエネルギーを身体の成長に回すことができ、急速に身体が成長します。これが、人間のもう一つの不思議な時期である、思春期スパートなのです。

思春期スパートでは、脳の成長に身体が追いつきます。性ホルモンが分泌されて男女の身体の特徴が発現し、繁殖力が身につきます。さらに学習によって社会的能力を身につけなくてはならないという非常に重要な時期です。そして時代や国の違いを問わず、死亡率が高い時期でもあります。それは、心身の成長のバランスが崩れて、事故や病気に遭いやすくなるからです。

離乳期や思春期スパートといった不安定な時期は、親だけでは子を支えられません。そのために共同保育という、人間に特徴的な行為が形成され、「長い老年期」という人間に特有な三つ目の時期が生まれたのです。

こうして人間は、家族と複数の家族によって成り立つ共同体という二重構造の社会を築き始めました。このときに、人間は動物にはない社会性を芽生えさせたのだと思います。

動物は自分の利益を上げるために、群れに参加します。一方人間は、自分の利益を後回しにしても、その集団に尽くしたいと思うもの。この社会性こそが、人間を人間たらしめるものとも言えます。

人間の脳の大きさは12~16歳で大人の大きさに達しますが、実はそれから25歳くらいまで**「メンタライジング」**という社会的認知能力が発達します。他者の心の状態を推論・解釈し、状況や文脈に応じて柔軟に行為を理解し選択する能力です。

類人猿は自分と相手の2者間で交渉する際に相手の考えを読むことができますが、**人間は3者間、4者間の社会交渉でそれぞれが何を考えているかを推し量ることができます**。だから演劇や映画など自分が参加していないドラマを鑑賞して楽しむことができるのです。

ゴリラもチンパンジーもこの能力がありません。繁殖能力がついても、人間の社会ではこのメンタライジングの能力が育つまで結婚や出産を控えるような規範があるのは、この能力が未熟なうちに育児をするのは危険という判断があるからでしょう。しかも、若いうちにできた子どもは必ずと言っていいほど高齢者が育児を手伝います。**共感力を働かせて仲間を助ける行動がもっとも得意なのは高齢者です**。人より長く生きた分、若い世代が経験していない出来事の知識を多くもっていて、若者が知らないことにいち早く気づいて危険を回避することができる。それはまだ自立できない子どもを安全に育てるうえで、社会的に大きな力になってきたのです。

ボケの力

2種類のボケ

高齢者のボケには二つあります。

一つは認知能力が衰えて、文字通りボケてしまうこと。

もう一つは、**遊び心のボケ**です。

人は言葉を生み出してから論理によって動くようになったけれど、もともとはアナログな身体を生きていたわけで、言語よりも音楽や踊りのようなコミュニケーションのほうがずっと長かった。

だから、年とともに論理のたがが外れてアナログに帰っていくのは自然なこと。

わざと論理を外して、ずらした返しをするのがボケの遊び心です。漫才のボケとツッコミでは、ボケ役の人はストレートに応えない。これを私は非常に面白いと思っていて、通常われわれの会話のキャッチボールは誰かに問いかけられたら論理的にすぐ打ち返すやり取りですが、そこから逸脱することにより、会話に変化を与えて笑いを誘うわけです。

一方のツッコミは、相手に対して「これどういうこと?」と別の視点から指摘して答えを性急に求める面白さです。そんなキャッチボールは人々を楽しい気持ちにさせるし、**攻撃心を削ぐ知恵**でもあるんですね。

バッと攻撃されたときにまともに受けて返したら、ケンカになってしまうわけで、ワッと言われてもすっとぼけて受け流し、笑いに変えるレスポンスは、じつは〝知恵者の技〟なんですね。

これはまさに周囲を煙に巻くことが許される、老人のしたたかなコミュニケーション力にほかなりません。

どんなに緊迫した状況でも冗談が言えるし、ボケて笑いに変えられる。常識にとらわれてぶつかり合ったり、膠着状態に陥ってしまったときに、**論理を超えた受け答えで笑い飛ばし、新しい視点を呼び込むのが老人のボケ力**なんです。

ゴリラもボケる

面白いことに、ゴリラもボケをかますんです。

京都市動物園にゴンちゃんという、札幌の円山動物園からきたオスゴリラがいて、そこにメスのヒロミと、ゲンキっていうメスの子どもが暮らしていました。それまで動物園はゴリラの暮らしというとマウンテンゴリラをイメージして地上で暮らしていると思いこんでいたので、木などに登る材料をあえて与えなかったのです。でも最近の私たちのフィールド調査で、彼らニシローランドゴリラは、頻繁に木に登って、樹上になっているフルーツを食べることがわかりました。だから、なるべく木に登らせる環境にしようと提案して、京都市動物園に新たにやぐらを作ったんです。

で、やぐらの上にゴリラの大好きなブドウを置いて、テレビ局もきてカメラを構えて、みんなで登るかなと見ていた。ヒロミはこれまでも登る能力を示していましたが、ゴンちゃんは円山動物園でも京都市動物園でも何かに登った経験がありませんでした。そしたらヒロミは案の定スルスル登るんですが、ゴンちゃんはじーっと上を見て登らない。やっぱり経験がないとダメなんだなとみんな思った。ところが、1時間くらい経って、もう無理かな……とテレビカメラが引き上げ始めた途端、あっという間にスルスル登ってみせたのです。

それまで、**「そんなの知らねーよ」と一切登る素振りを見せなかった**のに、初めての挑戦を頭のなかでシミュレーションしておいて、すっと完璧に成功させた！　見事にボケをかましてくれたわけです。

海外にはもっと面白い事例があります。

アメリカのロサンゼルス動物園で、ココというメスのゴリラに手話を教えて、さまざまな会話をしていた心理学者のフランシーヌ・パターソンの報告ですが、ココに白いタオルを見せて「このタオルは何色？」と聞いたら「赤」と返ってきた。間違えたと思って、もう一度「白でしょ？」と聞くとやっぱり「赤」と答える。あれれ？　と思っていると、ココが白いタオルの端についている赤い糸を指さして、「赤」という。これは完全にボケ。ちゃんと相手の質問をわかったうえで、相手とは違う答えを出す意地悪をしているんですね。

ちなみにチンパンジーはボケません。相手の質問を理解して、それに応えようとします。相手の喜ぶ顔が見たいという純粋なところがある。でもゴリラはこういうズラしを仕掛けてくるわけです。

ボケの教育

この対照的な精神性を教育的視点から考えると、当然チンパンジーのように従順な生徒のほうが教えやすい。一方で、ちゃんと質問の意味がわかってるのに、まともに答えるのは嫌だっていう子がいますよね。そういうタイプは学校の成績は悪いんだけど、長く見ていると、意外に成長して会社の社長とかをやってたりします。

教育の本当の目的は、新しい知識や事実を学ぶことです。**教師が教育しなくたって、**

みんな学ぶんですよ。ゴリラのようなタイプの子には、わざと逆手をとって、むしろ教える側がボケてその子がしそうもないことをやらせると、一巡して予定通りにハマったりします。

いわばボケの教育、昔はそういう手練《てだ》れの教員が数多くいました。

たとえば、京都大学にはそんな先生が何人かいて、「君たちは授業には一切出なくていい」と最初にかますんですね。「君たちは、私の言うことなんか何も聞かなくていい。ただ、その範囲の知識をきちんと憶えていることを証明したら、単位やるよ」と言ったりして、あえて講義に出ろとは言わない。

あるいは京大の理学部の先生が、教室に入ってくるなり、学生の方を一切向かずにただ黒板に向かって数式を書き始める。学生は最初ザワついているわけだけど、次第に先生の書く数式の意味がわかって、自分でその答えを探しだす。終了時間になると先生は学生の方を一切振り向かず、黙って黒板を消して出て行く。これも一種のボケですね。

こういうことをやれるのは、**老獪《ろうかい》な人**なんだけど、みんなの期待に背くようなことをして、あえて逆をゆく。それによって真の意味をわからせる。教育って、期待通りにやったら面白くないですからね。

そうやってボケの効用を考えていくと、**耄碌《もうろく》するのもちっとも怖くありませんよね**。だって、ボケッと受け答えするほうが状況に笑いと余裕が生まれるし、自由な遊び心は老人の特権ですから。

言葉に頼りすぎない

人間の脳が大きくなった理由

若い人たちの話についていけなくって苦痛で……そんな悩みを耳にするかと思えば、あの人にこう言われた、ああ言われたと、言葉じりでくよくよするご老人も多くいます。

私からすると、**現代人は言葉に頼りすぎているし、振り回されすぎている**と思うのです。

言葉が生まれたのは、人間が社会を築き始めてから大きく時間が経ったわずか7～10万年前のこと。もともと人は生身の身体の共鳴をベースに社会を作ってきました。

ここで、人はどのように言葉を獲得したのかを振り返ってみたいと思います。

人間はゴリラの3倍大きい脳を持っています。人間の脳が大きくなった理由は何だと思いますか？

かつてよく言われたのは、人間は言葉を使うようになって記憶するべき情報が増え、脳の容量を増やす必要があったのではないかということです。しかし調べてみると、どうも違う。

人類が現代人のような言葉を喋り始めたのはわずか7～10万年前。そして、人間がチンパンジーとの共通祖先から分かれ、独自の進化の道を歩み始めたのは700万年前です。つまり、**進化の過程のうちほとんどの時期は言葉を使っていませんでした。**言葉は脳を大きくした原因ではなくて、結果だったのです。

では一体何が脳を大きくしたのでしょうか。

イギリスのロビン・ダンバーという進化生物学者が面白いことを発見しました。ニホンザルやテナガザル、チンパンジーなど人間以外の霊長類で脳の大きさの平均値をとってみると、それぞれの種が暮らす集団の規模が大きいほど、脳も大きくなるのです。

そして今度は人類の化石から脳の大きさを推定し、当時の集団規模との関係を調べてみると、３５０万年前は、脳の容量はゴリラと同程度の約４００ccで集団規模もゴリラと同じ10～15人になります。２００万年前から脳容量が増大し始め、そして現代人の１４００～１６００ccぐらいの脳の容量に匹敵するのは、集団規模が１５０人だと推定しました。しかも、現代人並みの脳容量に達したのは約40万年前に現れたホモ・ハイデルベルゲンシスだということがわかってきた。言葉は20～30万年前に現代人が登場した後に登場したのです。

脳の大きさは、脳に占める新皮質の割合が高くなることに対応しています。つまり、**人間の集団規模と比例して脳の容量が大きくなっていく間、脳に占める大脳新皮質の割合が増えていった**。大脳新皮質とは、合理的で分析的な思考や、言語機能をつかさどる大脳の部位ですから、脳が大きくなってから、人間は言葉を話すようになったという順番なのです。

しかも、言葉は集団の規模を大きくすることに貢献していません。文化人類学者によると、いまでも狩猟採集民が暮らしている平均的な集団サイズは150人と言われています。言葉が現れてから、脳の大きさは変わらず、集団規模も大きくなりませんでした。そして、1万2000年前に農耕・牧畜という食糧生産が始まり、徐々に集団規模が大きくなりました。でも、脳は大きくなっていないし、信頼できる仲間の数も増えていないのです。

では、言葉はいったい何のために使われてきたのでしょうか。

言葉を操るには類人猿より二段階上の認知能力が必要です。類人猿はサルと違って相手の考えや意図を読む力があります。これを「心の理論」と呼びますが、類人猿は自分が直接関与していないと相手のことを正確に読めないので、映画や演劇を見ても意味がわかりません。これには第三者の立場からものを見て、相手の心を理解し、社会的な交渉ができるメンタライジング能力が必要です。

人類は共同保育の必要性から家族と共同体という重層構造の社会を営むようになっ

たので、その複雑な状況に対応できるメンタライジング能力が先行して発達したと、私は見ています。

社会関係資本の適正規模

人類が進化のプロセスのなかで編み出してきた、集団規模に応じたコミュニケーションは、現代でも残っています。

たとえば、ゴリラと同じ10〜15人の集団規模は、現代でいえばスポーツのチームに相当します。ラグビーは15人、サッカーは11人……身振りや声などで即座に自分のやろうとしていることを伝え、相手はそれを瞬間的に受け取って行動できる規模感です。ゴリラも同様に、言葉を喋らずとも集団で一つの生き物のように動けます。これを身体の共鳴によって作られる集団、「共鳴集団」と呼びます。

次に30〜50人というのは、人間の脳が大きくなり始めた頃の集団規模です。学校のクラスがこの数に相当しますね。毎日顔を合わせているから誰かが欠けたらすぐにわかり、全員が離散せずにまとまって動ける人数です。顔と性格を認識しているからこそできる集団であって、これも言葉によって結びついた集団ではありません。

そして、人間の脳の大きさに対応する**150人という集団は、社会関係資本（ソーシャル・キャピタル）の適正規模**です。ダンバー数とも言われますが、これは自分がトラブルなどに陥ったときに相談できる相手の上限数です。毎年年賀状を書くときに顔が思い浮かぶ人数も、それぐらいではないでしょうか。

その150人以上と付き合うために、身体以外の指標、つまり言葉が必要になっていったのです。顔を合わせれば互いのことがわかり、悩みを打ち明けられる仲間がおり、その外側には言葉によってつながる膨大な数の人びとがいる。そういう世界にわれわれは生きています。

高度情報化社会と言葉

熱帯雨林を出たことによって、分散した食料や肉食獣に対処するために仲間を増やす必要性が生まれ、出産頻度が上がり、集団規模も大きくなった。そして脳が大きくなり、言葉が生まれた――人類の進化を大まかに振り返るとこういうことになります。

言葉は便利です。重さがなく、どこにでも持ち運び可能で、見たことがないものや、体験していない過去のことも、それを体験した仲間の言葉によって、あたかも自分が体験したように感じられます。長い時間軸のなかで物事を捉えることが可能になり、世界に名前をつけて分類することだってできます。違うものを一緒にしたり、同じものを分けたりすることができる。あるいは、言葉を組み合わせて物語を作り、共有することもできる。

現実にはないものを想像し、描く能力を言葉がもたらしてくれたのです。

ただ、言葉が現れて以降、通信情報革命はどんどん加速しています。5000年前に文字が作られ、150年前に電話が現れ、40年前にインターネットが登場し、今日はSNSが当たり前の時代です。科学技術は進歩しましたが、人間の体と心はそれについていけているのでしょうか。人はかつてないほどの情報量に日々さらされています。

しかし進化の過程を遡れば、人間は長らく**生身の身体の共鳴**を大事にする社会を形作ってきたのです。人が言葉を話すはるか以前から、音楽があり、踊る身体が発達しました。

赤ん坊をあやし、子守唄で寝かしつけるさいの声のトーンとピッチは世界共通の特徴をもっています。この子守唄が原型となって音楽は発達したのではないかという研究もあります。

直立二足歩行は喉頭と胸圧を下げて音域を広げ、音楽的な声をつくり出しました。そして自由になった腕と腰を支点にして踊る身体が発達したことも音楽の能力の開花に寄与したのでしょう。歌と踊りは仲間との心の境界を取り除き、一体感や連帯感をもたらす働きをしたのです。

いまでも人間は共同作業をする際に、いっしょに歌を歌って心を一つにします。踊ることによって共同意識を高め、喜びを共有する。人間は子守唄から生まれた音楽によって、さらに共感能力を高め、集団の規模を大きくすることができたに違いありません。

現代のわれわれは言葉に頼りすぎています。いまこそ、過度に言葉に頼らない身体性の価値を見つめ直すときではないでしょうか。

高齢者は、土をたがやしたり、自然のなかで時間を過ごしたり、仲間たちとともに歌う喜びを知っているはず。言葉にふりまわされず、身体を共鳴させる楽しさを取り戻し、それを次の世代に伝えていくことが大切だと思うのです。

第 II 章

老いと
ライフスタイル

動き回りなさい——多拠点居住のすすめ

野生動物に鬱はない

鬱《うつ》というのは、年齢に関係なく基本的に野生動物ではありえません。毎日動いていて、変化の多い環境に適応しなくてはならない動物にとって、引きこもる場所もなければ、鬱でふさぎ込む時間もない。

ところが人間は、定住するようになってから帰る場所ができて、外と内をわけてプライベートな空間をもつようになりました。だから、外で変えられないことがあればうちに引きこもることが可能な環境になった。

チンパンジーもゴリラもベッドは作りますが、個別の家があるわけではないので、引きこもりようがないんです。

　例外として、動物園ではゴリラが鬱になることがあります。人目にさらされすぎて、騒々しい観客が嫌で物陰に隠れてしまい出てこないことがあります。動物園はある意味、人間社会の縮図です。変化のない環境で人目にさらされて不調に陥るのは、現代の人間の生活そのものではないでしょうか。

　動き続けることが、人間本来のあり方です。

　農耕・牧畜が始まる以前、人間は狩猟採集をしていたわけで、一箇所に長期間とどまることなく、つねに小集団で動いていました。

　現代では、人間は核家族を形成し、それぞれの家で家庭をもっています。でもそれは本来的には無理があって、そもそも大人と子どもは体の大きさが違うし、生理的な状態も違うし、動き方も異なる。能力のかなり違う者同士が同じ場所にとどまるのは、動物としてけっこう難しい。

　だから新型コロナで巣ごもり生活をするとみんなすごくイライラしちゃったわけですね。能力もライフスタイルも合わない個体同士が、狭い空間で異なる活動要求を調整できないストレスです。

でも「動く」のがベースにあれば共同生活も可能で、それぞれの動き方をしながら、一時的に同じ場所にとどまって食事をしたりして、また移動することは自然なわけです。

子どもは子どもで遊び、親は親で仕事もしながら離れたり集まったりするような自由さがあったほうが楽。休日になったら、子どもを連れ出して遊園地などに行くと親がイライラするのも、子どもの動きに合わせようとしたり逆にコントロールしようとしすぎているせいです。

その点、ゴリラの動き方は示唆に富んでいて、オスのシルバーバックが動くと、メスはそれぞれのペースで、まとまったり離れたりして食べながら動きます。子どもはそんな集団のまわりをぐるぐる回りながらついていく。それぞれ勝手な動きをしながら方向性は一緒という軽いまとまりです。そして何日もある場所に滞在することはない。

野生のチンパンジーもそうです。群れは必ず毎日移動しています。一箇所では食べ物が見つからないから、食べ物を探しながら歩いていく。森の様子がどんどん変わるんですね。

端的にいうと、動き続けること、定期的に環境が変わることが動物としての健康の秘訣でもある。

拠点を複数つくろう

そこで私が提案しているのは、**「多拠点居住」というライフスタイル**です。一箇所だけでなく、複数の拠点をわたり歩く生活が一番いい、動きましょう、と。ほとんどの人は仕事の関係で拠点は一つにしぼり、旅行のときにあちこちに出向きますが、これは社会制度としてアップデートの余地が大きいと思います。

拠点が固定的なのは、住民票が一箇所しかとれず、そこで税金を払い、行政サービスが提供されるという仕組みをベースにしているからですが、一方でふるさと納税みたいな方法もあるのですから、税金を複数の箇所におさめたっていい。

関係人口が地方でも増えやすくなるよう、税制を改正してはどうでしょうか。**自由に行き来しても制度上デメリットを被らないように複数拠点を認めることで、関係人口が大きく増やせる可能性がある**わけです。

私の一つのアイデアは、それぞれ自分がかかわってみたい地域に寄付をして、その返礼として**「3割住民票」**みたいなものを与えられること。

気軽に行ける複数の拠点が日本各地にあって、そこに一時的にとどまる人たちが協力して地域を盛り上げるにはどうしたらいいかを考えるのです。都会だけで暮らしていると、人との関係性が「ワン・オブ・ゼム」になりがちですが、**地方だと、「ワン・オブ・ワン」**になる。個性を発揮できるし、人々のなかで自分がやったことの効果が目に見えてわかります。

独居老人という言葉がありますが、都会にいたら事実上孤独という高齢者が多くいますよね。アパートに独り暮らしして一日誰とも話さずコンビニエンスストアに行って食べ物を買ってきて、独りさびしく食べている……。そんな生活では、そりゃ鬱にもなりますよ。いまは通信情報機器が発達してネットやSNSで繋がってると思うかもしれないけど、それは身体的に安心できる付き合いではないんです。

都会では壊れてしまった地縁コミュニティが地方ではまだ残っている場所も多いでしょう。**人と人との直の付き合いのなかに自ら入っていくことが、人間の根源的な安心感につながります。**

体力的にあちこちに動けないというシニアは、その地にやって来る人々を受け入れることに貢献すればいい。とくに子どもに対して。

たとえば子ども食堂、親子食堂のような地域の試みは、とてもいい仕組みだと思います。栄養のある食事が十分にとれていない家庭の子たちに大きな支援となるし、さまざまな世代が集まって関係性が生まれる場――核家族が孤立せずに、横にも縦にもつながれる場所にするのです。これからの社会はそういう場づくりが一番面白いんですよ。

そんな場に、複数かかわって多拠点にするのもいい。

そこでは効率性や生産性を求めない、シニアの時間が最大限に生きてくるでしょう。

場づくりで大事なのは、**効率性や数値目標を入れない**こと。行政がコミュニティづくりを主導して失敗してしまうことが多いのは、変に数値目標をもってしまうからなんです。何人参加したか、時間内に何をどれだけやったかなどが「結果」として評価されてしまう。

数値目標があると、時間が分母になってしまい、数字を他と比べたくなってしまうんですね。去年よりどうとか、隣町のほうが優れているとか……。でも地縁コミュニティはその地域ごとに特徴があるわけだから、数字や効率で比べたらいけない。やっぱり人間の始まりと終わりの部分に、数値化は相容れないものです。

さまざまな世代が出会う場では、自然に気づきが生まれ、創造的な言葉が出てきます。知識だけでは新しい気づきは生まれてきません。ＡＩは情報の分析やまとめには長けているけれど、それは0から1を作ることじゃない。

でも知恵は、0から1を創造することにつながります。そこに人生を長く生きてきた高齢者が寄与できることは大きい。とくに複数の場をわたり歩いているような人は視野が広いし、別のコミュニティでうまくいったアイデアを提案したり、人と人とをつないだりもできます。

未来につながる新しい発想や考え方は、そんな場から生まれてくるのです。

学びの場を関係人口の起点にする

「ふつうの学校をつくる」プロジェクト

少子高齢化が進んで地方が過疎化する日本において、関係人口をいかに増やすかは喫緊に取り組むべき課題です。

でも具体的にどうやって、関わる人々を地域に迎え入れ、地縁ネットワークに参加してもらうのか？　具体的にイメージしづらい方もいると思うので、一つ参考になる事例からお伝えしましょう。

先日、鹿児島の始良《あいら》市という場所に3日間行ってきました。そこでは「ふつうの学校をつくる」プロジェクトが立ち上がり、廃校になった小学校をリノベーションして私立の学校をつくる試みが進行しています。
「ふつうの学校ってなんですか？」と関係者に訊いたら、昭和の学校をイメージしていると言います。「学校は、地域という大きな生態系の一部であり、ハブである」という視点から、「学びもその土地ならではの豊かな風土に根付いた、顔の見える小さな関係のなかで紡ぎなおす」ことを掲げています。食材も地元のネットワークを駆使して新鮮なものを使い、豊かな食事を提供します。しかも学校の裏にはホタルが群舞する森もある。

私が子どものころの「ふつうの」小学校のまわりでは、道で遊べて、山や森に行って子どもたちが自由に遊べたものでした。このプロジェクトは２０２６年の開校を目指しているそうですが、地域と密接に結びついたこうした学びの場を再生する意義は大きいと言えるでしょう。

いまこうした試みが全国各地で起こっていて、私はあちこち見て回っているのですが、**学びの場を一次拠点にして、その考えに共感した子育て世代の人たちが集まってくれば、過疎は消えます。**子どもがくれば親たちも来て、さまざまな店が開き、協働する活動も生まれ、さまざまな産業も活性化する。

教育の場を一つの資産にしながら、子どもを中心にさまざまな人を巻き込んでいくのです。

高齢者と子どもをかかわらせようと、ただ老人ホームと保育園をくっつけている施設がありますが、だいぶズレている愚かな施策だと思います。**異なる世代のあいだをつなぐのは「自然」なんです。**自然を媒介にして両者をつながないと、ただ物理的に一緒にして交流会だなんだといってもつながるわけがない。

なぜなら、自然であったり、地域のお祭りであったり、**日々変化する複雑なものを媒介にしないと、子どもの知的好奇心の発露としての学びの場は発動することはないし、互いの協働作業も生まれない**からです。

「予測できないもの」に対処する直感力

それは一体どういうことなのか？　ここであらためて学びの本質について考えてみ

ましょう。

人類は、700万年間のほとんどを狩猟採集生活で過ごしてきました。この原初の生活での学びは、大人がこれを教えたいという計画を持っているわけではなく、**「予測できない事態にどう対処するか」**を実践のなかで教えていくことでした。

子どもたちに自分で何かに対処する機会を与えることが重要で、そもそも自然は(とりわけ熱帯雨林は)、既存の知識がそれほど役に立つわけではない。**自然は同じことは決して繰り返さないので、新しい予想もしなかったような変化が目の前で起こったときに適切に対処する力が必要**になってくるわけです。

最適解でなくていいから、ちょっと間違えてもいいから、まずは自分が死なないように生き残れる対処をしないといけない。

たとえば、ゾウの機嫌を損ねたらすぐに襲われて絶命しますし、カバなんかもっと凶暴で危ない。水中でワニに嚙まれたらひとたまりもないし、まわりには毒蛇や毒虫だってうようよいる。自然界では、そういう危険なものに思いがけず出会うことが多々あるわけです。

ジャングルのなかは、視界をさえぎるいろいろなものがあって見通しが悪い。奥に隠れているものを察知しながら、その場その場で適切な行動を取っていかなければなりません。あらかじめ計画をたてても無駄になるかもしれず、目まぐるしく移り変わる状況に柔軟に適応する必要があります。

絶え間なく変化する存在である自然に適切に対処していくには、**「直感力」**を磨くことが不可欠です。それこそ学びの場で鍛える必要がある。

京都大学の哲学者・西田幾多郎が「幾千年来我らの祖先をはぐくみ来った東洋文化の根柢には、形なきものの形を見、声なきものの声を聞くと云ったようなものが潜んでいる」(『働くものから見るものへ』１９２７年)と記しています。

日本人は元々森の民でした。あらゆるものが隠されている森のなかでは、見えないものを感じとる能力が必要で、突然目の前に訪れた事態に咄嗟に直感的に対処する力をはぐくんできたのです。

イスラム文化圏のアラブや、キリスト教が生まれたユダヤの地のように草原や砂漠の環境では見通しがいいので、脅威があっても安全な距離を保っていれば何事も起こりません。見えている世界のなかで、相手が次にどう動くのかを推察すれば事前に対処ができる世界と、森は対照的です。

いずれにせよ、生き残るために「直感力」や「想像力」を鍛える学びが、人類の進化の99％を通じて行われてきたわけです。

狩猟採集民的な学びのモデル

いまの私たちの学びのスタイルは、「あらかじめ決められたこと」を知識として学ぶことが中心です。農耕社会のはじまり以降、計画性や管理の必要性が高まり、近代国家が成立する過程でも、同じ言語で同じ価値観をもつ工業社会に順応した人材を育てることが求められてきました。

でもこれからは、みんなで一斉に同じことを教えられる従来のスタイルでは、知識で対処できることがどんどん少なくなる時代において、あまりためにならないかもしれません。

既存の知のフレームワークにはない未知に対して、適切に対処していく力を身につける——つまり**狩猟採集民的な学びのモデル**こそ、現代の教育に真に必要なのです。日々変化する自然や動物を相手に瞬時に適応していく直感力を磨くことが、人間の本来的な学びです。

知識をそのまま伝えるのではなく、経験知を応用可能な「知恵」に変えつつ、まだ見ぬ新しいことを予感しながら、一緒に考えて、一緒に企画し、子どもが自分のできることに目覚めていくような教育のあり方です。

高齢者は経験知を豊富にもっています。たっぷりと時間があって、生産性を求められない自由な身です。だから、**子どもたちと一緒に、未知なものに対して、どういう風に対処したらいいのかを考える**ことができます。

私の幼少期を振り返ってみても、東京郊外の町の自然のなかで虫取りをしたり雑木林を探検しては、夢中になって『十五少年漂流記』や『ロビンソン・クルーソー』の真似事をしていました。親父よりも祖父のほうが気が合ったから、よく遊んでもらっていました。祖父は髪結いの亭主みたいな生活だったので、いつも暇だったんですよ。だから親父は逆に真面目なサラリーマンになったんだと思います。親父は近郊の山登りによく連れて行ってくれましたね。

祖父をはじめ、近所のおじいちゃんで、大工仕事の経験があるような人たちが、いろんな道具の使い方を教えてくれて、自然のなかで何かを作ったり遊びを発明するやり方を教えてくれたのをよく覚えています。

遊びなんて、あらかじめわかっていることを繰り返してもちっとも面白くありません。次々と新しい要素が出てきて、そこに向かって自分の身体で対処する。それを一人じゃなくてみんなで遊ぶからこそ、創意工夫や発明ができて面白い。

現代の子どもたちが熱中している遊びは、最初からルールが決まっている遊びです。テレビゲームやオンラインゲームなど、遊び方が決まっていてデジタル機器からの刺激も強く、たしかに面白いんでしょう。

でも**本来遊びというのは、ルールは見つけていくもの、仲間のなかで自然に立ち上がっていくもの**なんです。

とくに社会的な遊び、人と人とがやり取りする面白い遊びは、ルールが決まっていません。だから、遊ぶルールのない未知の場所に子どもを連れ出さないといけない。遊園地に連れていっても、遊ぶものも遊び方も決まっています。そうではなく、**なんにもない所に行く**。

川辺に行くのでも、草原に行くのでもいい。最初はなにをしたらいいのかわからなくて子どもが戸惑うかもしれないし、つまらないと言うかもしれない。だけど、そのうちに遊ぶことを自ら見つけ出しますよ。

昆虫を捕まえたり、石をひっくり返して生き物を見つけたり、草でなにかを作ったり、平たい石で「水切り」遊びをしたりしてね。そういうときに大人はサジェスチョンを与えることができます。

「もっと平らな石を投げたほうが飛ぶぜ」「ここに面白い虫が隠れているかもしれないよ」「一緒に草相撲やってみる？」とか、楽しいほうに導くことができる。

自然はルールがないからこそ面白い。毎回同じ場所に行っても条件が変わってくるし、自然が身体にそのまま働きかけてくるから、それに応じるだけで子どもにとって最高の遊びになるんです。自ら発想して、創造的な作業をしていく面白さを子どもたち自身で発見する機会を作るのです。

そんな学びの場で高齢者が果たせる役割は大きい。自然への対処の仕方を知っていますし、とくに戦後の焼け野原から**レジリエンス（回復する力）の精神**を発揮して、ゼロから立ち上げて行った世代は、ルールがないところで、どうやって変化に対応し、生き延びたらいいのか本能的な知恵をもっています。想定外のことや困難なことが発生しても、そこで諦めずに動く大切さも身体で知っている。

狩猟採集民的な学び場を地域で立ち上げ、高齢者たちが積極的にかかわっていくことで、関係人口が生まれる起点にしていく――そこにこそ日本の活路があるのではないでしょうか。

サルに〝猿真似〟はできない

「教える」行為を動物はしない

〝猿真似〟って言葉があるでしょう。日光猿軍団のような猿まわし芸を思い浮かべる方も多いと思うんですが、あれは行為を誘導されて結果として同じことを繰り返しているだけであって、じつは「真似」ができるわけではない。

サルに猿真似はできないんです。

たとえば、宮崎県の幸島《こうじま》で「イモ洗い」という新しい行動がサルの集団全体に伝播していって、文化的な行動だと言われることがありますが、ここでも「教える―真似る」の行為は一切観察されていません。だから、群れ全体に広がるまでに4年もかかっています。

これが学習によるものだったら、それこそ人間だったら、わずか1日で群れ全体に同じ動作が広がるわけです。

学習して真似る――「まねぶ」ことができるのは人間だけです。

人間は、サルにはない「スカフォールディング」（scaffolding：足場かけ）という能力を持っています。これは、子どもたちがここを切り抜ける能力がないなというのを見定めて、先を読んで必要な手助けをして、サポートしてあげる教育的能力のことです。

サルは自分と子どもの能力を同一視しています。自分と違って、子どもにこの能力が足りないというのを認知できません。類人猿は異なります。子どもが木から落ちそうになったら、手を差し出して支えてやることができる。ゴリラも、チンパンジーも、オランウータンもその能力がありますが、サルにはできない。

人間はさらに先を予測して、この子はこういうことをやろうとしているけど、これは危険だと察知する能力もあります。だからあらかじめ注意を促したり、事前にリスクを回避したりできるわけです。

じつは、**教育という「教える」行為は、基本的に動物には見られません**。動物の子は勝手に学びはしますが、教えられることはないんです。親のやり方を見たり、群れの誰かがやっていることを見て覚えていく。

親が狩りのやり方を示す、「教示行動」は唯一、肉食動物と猛禽類で観察できます。それは狩りという技術が、子どもたちが自分でやるだけでは学びきれないものだからです。ただし、その教え方は、「機会を与える」というやり方。ライオンでも、チーターでも、母親が捕らえて傷つけた獲物をわざわざ逃がしてやって子どもたちに追いかけさせる。弱っている獲物は簡単には逃げられないので、子どもたちがそれに追いついて息の根を止める。そうやって狩りを身につけさせていくわけですね。

教示行動はハンティングに限られ、しかも教えるのは母親だけです。人間に一番近いチンパンジーでも教えるという行為はまずみられません。

「教える」という行為が成立するには、学術的には二つの条件があります。

一つは、**教えるほうと教えられるほうが欠落している能力に気がついている**こと。教えるほうは「この子はこういう能力を持ってないな」、教えられるほうは「親がやっている能力を自分は持ってない」ということを自覚していなければ、技術の伝達は起きません。

もう一つは、**教えるほうの自己犠牲**です。もし、自分の利益を高めるために、知識や技術を伝達しているんだとしたら、それは教える行為ではなくて、相手の利用です。教育ではない。

この二つの条件から照らし合わせてみると、人間以外の霊長類には、教える行為がまず見られないというわけです。

唯一、チンパンジーが道具使用をして「シロアリ釣り」をするさいに、どういう風に棒を差し込むか、母親が子どもの前でゆっくりとその動作を繰り返したあと、自分が作った棒を子どもの前に置いていく動作が観察されているだけです。かなり教育的な行動ですが、これは例外的な事例です。

「共感能力」の発達が教育を可能にした

先ほど、真似ることができるのは人間だけの能力だとお伝えしました。とくに目的がなくとも、子どもは人のやっていることを真似てぱっとコピーできてしまう。

これには人間独自の能力が深くかかわっています。

人間の子どもは生後半年くらいで、目の前の人の表情や仕草を真似る行為が出てきます。親が舌ベロを出したら、自分も舌ベロを出すとか、笑ったら笑い返すとか、まさにコピーです。

そして9ヵ月目くらいから**「共同注意」**（joint attention）が出てきます。近くにいる人が見ている方を自分も見る。見ているものを確かめるだけではなくて、何を見ているかを理解しようとする。これは、類人猿の子どもにも、もちろんサルにもできません。

共同注意は、共感の問題ともかかわってきますが、「共感」だけならサルでもできるんです。ミラーニューロンがあるので、仲間のやっていることを見て、痛めつけられていたりするのを見れば自分も同じような感覚になります。でも、かといって同じ動作をするわけではないし、仲間を助けようとするわけでもありません。

痛みを感じたときに、相手を助けたいと思い、自分が行動したときにどういう事態になるかを推察できないと動くことはできない。これが、共感（シンパシー：sympathy）と同情（コンパッション：compassion）の違いです。

コンパッションは、相手への深い同情と思いやり、さらに自分が手を出して助けてあげようとする行為も含んだ意味を持っています。

たしかにサルでも自分の子どもが悲鳴を上げたら、親は咄嗟に飛んで行って味方をしますが、それは共感の範囲にとどまっていて、他の仲間のサルが同じような被害にあっていても手を出そうとはしない。

ある事態を前に、みんなで同じような感情を抱いて、それを打開しようとする心は、共同注意の能力がないと持てません。さらにいうと、人間の子どもは、1歳を過ぎると指差しができるようになり、他の人の共同注意を促すことができます。他の人の指差しに対しても、差された方向を見て、指差しをした人の意図を理解することもできる。

さらに1歳半ごろになると、自分が持っている情報を相手に伝えようとします。言葉とリンクして、相手が自分の持っている情報を持っていないと思い、「見て見て、お母さん」「これ○○」と言って、一緒に見させて伝えようとする。これはもう、立派な教育の萌芽に他なりません。

人間だけが多くの大人が関与して教える

「子どもは学ぶものだが、教えるものではない」という霊長類の常識からすると、なぜ人間だけが多くの大人が関与して子どもに教えるのか、つくづく不思議に思えます。霊長類は植物食か雑食で、ほとんど狩りをしませんから、狩りの仕方を教えるという生存上の必然性はなかったわけです。

でも、人はどんな国でも文化圏でも、広範に多くの人ががかかわって子どもに対して教育を施します。これは一体なぜなのか？

じつは高齢者の存在というのが、非常に大きかったのです。

子どもたちを教える存在は、直接の父親・母親よりも高齢者のほうがずっと適任です。子どもからしたら、父親にしても、母親にしても、何か変なことをすれば叱られたり、罰せられたりする怖い存在です。親は本来は教える立場には立ちにくい存在なんですね。しかし、一段階上の高齢者というのは、直接の子どもではないし、年齢も離れているから、保護者的な存在でありながら、遊び相手になれる。

これは、文化人類学でいうところの**「冗談関係」という概念**です。親子だと冗談が通じないけれど、一世代離れると冗談が通じる。しかも性的な冗談も言えてしまう。

おじいちゃん、おばあちゃんというのはもう引退した人だから、軽く笑い飛ばせる。たとえば孫の男の子に、おじいちゃんなら「もうちんちんむけたのか？」とか、さらっと聞けるわけです。親は面と向かって言えないけれど。

孫—祖父母の関係には、そういう隙間が生じるため、親には言えない個人的な悩みも相談できる。おじ、おばのななめの関係性は子どもにとって楽です。

子育ての現役からしりぞいた立場の高齢者は、遊びながら楽な関係性のなかで子どもにさまざまなことを伝えられる、特権的なポジションにいます。

人間だけに許された〈教え―教えられる〉喜びを、人生後半戦にこそ楽しんでほしいと思います。

そこで、教える行為になにか見返りのような期待をもつと決してうまくいきません。無償の自己犠牲で、分かち合いの精神で子どもたちに臨むときに、〝猿真似できない〟豊かな学びの場が立ち上がるのです。

歯は命！

歯周病にご用心

年を重ねていって健康問題を考えるときに、一番問題になるのは、「歯」なんですね。

歯周病が進んで歯槽膿漏になるとさまざまな疾患の引き金となり、歯がなくなれば固いものが食べられなくなります。しかも歯周病というのは、日本人の死亡原因のかなりの割合に密接にかかわっているんですね。

歯周病菌は心臓や血管のなかで血栓をつくりやすくするため、心疾患（死因の2位）や脳血管疾患（死因の4位）、さらには肺に入りこめば肺炎（死因の5位）を招きやすくなります。

野生の動物に虫歯はありません。糖分の多いものや柔らかいものをあまり食べませんから、野生のものを食べていれば、基本的には虫歯になりません。

でも京都市動物園のゴリラのゴンちゃんは、歯槽膿漏で死ぬまで苦しんでいました。野生のゴリラは固い繊維質のものをいつも食べているので、それが歯ブラシと同じ効果となって歯が衰えないのですが、動物園では柔らかいものや糖分が入ったものをよく与えるので、歯槽膿漏になりやすい。

とくにヨーグルトは大敵です。歯と歯の隙間に乳酸菌が溜まって発酵してしまう。それで、虫歯を起こして歯槽膿漏になり、最終的には膿が脳にまわって死ぬことがあるんです。

これは人間も同じこと。

基本的に、繊維質のものをガリガリかじっていれば歯は丈夫です。でも人間は炭水化物やガスの溜まりやすいもの、調理した柔らかいものを大量に食べるので、自ずと歯が弱ります。

長い進化史のなかで人間の祖先は、飢餓を経験したときに少量の糖分ですむように、糖質を内臓脂肪などに溜めるような生理特性を発達させたので、食べすぎるとどんどん内臓脂肪が溜まって悪さをするんですね。もともと狩猟採集民は男で一日に平均15キロメートル、女で9キロメートルも歩いて食物を採集し、それを運んで暮らしていました。よく体を動かしていたうえ、現代人に比べてはるかに少食だったのです。

アレルギー、喘息、2型糖尿病、骨粗しょう症など、急増している非感染性の慢性疾患は、人工的な環境と進化によって形づくられた身体がミスマッチを起こしている現象のようにも思えます。これは、人間が野生時代に作り上げた特徴が、高栄養な食物を多く摂り、動かない現代的生活においてマイナスに働いているということ。

私自身、歯があまりよくないうえ糖尿病だから、野菜をもっと食べるべきだと痛感しています。糖尿病なんてまさに進化に反した人間の文明病なんですね。

直立二足歩行に進化し、長らく狩猟採集生活を送ってきた人類は、やっぱり歩いてなんぼ。腰や脚を痛めて歩けなくなると、途端に老け込みます。

現代人は座ってばかりで、ネットやテレビの画面を見て多くの時間を費やしていますから、足は弱るし目が悪くなるし糖尿病にもなりやすいのも当然です。これは完全にもう現代の生活習慣がもたらした病と言えます。

食べるという行為

野生の動物は、自分の歯で食べられなくなったときに死にます。食物を分け与えてもらうことはできないので、それが自然の摂理です。

興味深いことに、ゴリラでも死ぬ前は、あまり食べなくなります。動物園のゴリラでも食が細くなって、すーっと弱っていきます。食べることは生きることですから、食べなくなるのは命を終えることと同義です。

人間も死ぬまぎわにはあまり食べなくなるものです。また、身体の調子が悪いときに断食をすると改善することがよくありますが、それだけ食べ物の消化にかけている身体の負担は大きい。

じつは他の霊長類にくらべて**胃腸が小さくて弱い人間にとって、食べるという行為**

は、かなりの危険を冒していることでもあるんです。

それは人間が進化史のなかで、胃腸を小さくして脳容量を増加させたことと深くかかわっています。

人間の脳は、体重のわずか2％しかないのに摂取エネルギーの20％も消費するコストの高い器官です。その高いコストを脳にまわすために、人は消化器にかかるエネルギーを節約してきました。

チンパンジーは一日の活動時間の50％以上を採食に費やしますし、植物繊維を多く食べるゴリラは、一日に10〜30キログラムの植物を摂取します。そして、バクテリアを働かせて消化するために長い休息時間を取ります。発酵タンクとしての消化器は巨大で、そのために大きなコストがかかるわけです。

一方、肉食を導入すれば、少ない量で大きなカロリーを摂取でき、消化器を縮小できます。事実、肉食動物の消化器は草食動物よりはるかに小さいですが、それだけで脳を大きくできるわけではありません。肉食動物は食べた肉を胃のなかに長い間滞留させ、時間をかけて消化するからです。

人類はそういう生肉を消化できるような酸性の高い胃をもっておらず、口は小さいし、犬歯も切歯も肉を噛み切れず、たんぱく質を取り過ぎると中毒症状を起こし、肝臓や腎臓障害によって死に至る危険もある。

しかも人間にとって、安全なたんぱく質摂取は全カロリーの50％までで、残りのカロリーは炭水化物か脂肪に頼らねばなりません。そのため、人類は多くのカロリーを植物から摂らなくてはならなかったのです。

そこで、人類が考案した解決手段は、**食物を加工して消化率を高めること**でした。食物を柔らかくしたり、細かくして調理する。生の野菜や生肉は固くて噛み切れないので、まず包丁を使ってこれらの食物を細かく切り刻み、さらに火を使って焼いたり煮たりして柔らかくする。それによって消化率をよくするとともに、肉に含まれている寄生虫や細菌を殺し、植物に含まれている二次代謝物の効果を弱めたのです。

このように胃腸を小さくして脳を大きくする道を選んだ人類は、胃腸が弱いという欠点をカバーできるよう、独自の工夫を重ねてきました。歯の健康や口腔ケアがいかに大切なことか、こうした観点からもおわかりいただけると思います。

内と外はつながっている

じつは、**消化器官という内臓は体の外部**です。人は口から肛門まで一本の管でつながっていますが、管の内側はそのまま外の世界のようなもので、腸には１００兆個ものバクテリアが棲みついています。

我々は自分で食物を消化していると思っているかもしれませんが、バクテリアが消化してくれているわけです。バクテリアがいなければとてもじゃないけど口にできない、危ない食物がたくさんあります。

そんな腸内細菌叢は内臓の調子を整えてくれて、精神状態も左右していることがさまざまな研究から明らかになっています。そして腸内のバランスが正常でないと肥満になったり病気にもなりやすい。腸内だけでなく、人の体の表面にも常在菌がたくさんいて、その常在菌の数が減ると老化現象が起こるんですね。ちなみにお年寄りに多い加齢臭は、そのバクテリアの数や種類が変わることで引き起こされます。

そうやって考えてみると、**人間はバクテリアとの共生体**なんです。体のなかのバクテリアが人体を守ってくれている。ある意味、われわれが食物を食べるのはバクテリアを食べさせているわけで、バクテリアが消化したものを人は腸壁から取り込んでいるだけとも言えます。

われわれが内部と思っている腸の内部は外部であって、もちろん皮膚も外部だし、その外部はさまざまなものと繋がっています。外気を触媒にして太陽光を浴び、風を感じ、虫や草木にふれている。文字通り、万物と繋がっています。

皮膚でへだてられた体内・体外という境界があるのではなく、むしろそれは連続していると捉え直したほうがいい。私たちの身体は、食べることを介して自然と地続きの共生関係にあるのです。

共食のすすめ

食事は音楽的なコミュニケーションの時間

独りでご飯を食べるお年寄りが増えていると聞きます。

とくに単身の世帯の方にとって、誰かと予定をあわせて一緒にご飯を食べるのはなかなか面倒なことでしょう。どうしたって時間も手間もかかってしまう。

でも、誰かと共に食べる時間は大きな意味のあることなんですね。

共食は、とても音楽的な時間です。

共に奏でるようなプレリュードがあって、中心的な演奏があって、最後の後奏がある。前菜からメインディッシュ、デザートへと移っていく流れを楽しむことは、身体的な体験として音楽とよく似ています。

視覚と聴覚は人と人とが共有しやすい感覚です。誰が見たって同じ光景だし、誰が聞いたってそこで鳴っている音に変わりはない。でも、匂いや味は、個人にとって感じ方がとても異なります。

食事は、そんな互いの嗅覚や味覚を総動員して、個人的な感覚を共有するところが、身体の共鳴でつながりあう音楽的コミュニケーションと近しいのです。一人で食べたら10分で終わるご飯でも、3、4人で食べたら、時間がかかりますよね。互いに食べる速度を合わせるし、**異なる感覚を「同調」させる時間**だからこそ、共にご飯を食べると信頼関係が生まれるのです。

「食事」という文化の起源は、700万年前にチンパンジーとの共通祖先から分かれた直後、人間が二足歩行を始めたことにあります。木の実とかキノコとかの食物を、自分の食べるぶん以上のものを採って自由になった手で運び、みんなに分けて一緒に食べるようになり、「食事」という文化が生まれた。

サルは自分中心で、自分で確保した食べ物を分配しません。強い方が餌場を独占して、小さい弱いサルは他に行って探すというルールで秩序を保っています。チンパンジーやゴリラは、採ってきた食べ物をメスや子どもに「おねだり」されれば分け与えますが、しぶしぶやるわけです。

人間だけが、自分から気前よく仲間に食べ物を分かち合います。自分の取り分を少なくしても、「食べて、食べて」と大盤振る舞いしたがりますよね。ご高齢の方は、お孫さんなんか来たらとくに。それは、みんなが喜んで楽しく食べる顔が見たいから。

食事は単に個々の食欲を満たすものでなく、他者との関係をつくるうえで共同体になくてはならない、人間に固有の文化なのです。

ゴリラの食事中のハミング

人間はサルに近い仲間ですから、毎日食べます。ライオンやヒョウのような動物だったら3、4日に一度で十分なのですが、人は一日のなかでも二度三度と食事をとり、他人と食卓を囲むわけです。これは共感力を育む、またとない社交の機会です。

食事は対面するのに理由がいりません。仮にあまりしゃべらなかったとしても、食べながら同調しているだけで、互いの共鳴感が増して仲良くなれます。それは、自分とは異なる世代や価値観をもつ人たちと共存するうえで大切な知恵です。言葉によらない音楽的なコミュニケーションは、互いを融和へと導くからです。みんなで一緒に食べることはいかに楽しい営みかということを社会全体でもっと思い出すべきでしょう。

ゴリラは「おねだり」されて食物を分け与えているという話をしましたが、じつは、そんな分かち合った食べ物を、お互いにちょっと離れて仲間で一緒に食べているときが一番満足するようなんです。**幸せそうに、ハミングを奏でる**んですよ。ウゥウン、ウーウーゥーンーウーと、とてもメロディアスな声を出す。食べてるときにそんな鼻歌が伝染していって、仲間たちでハーモニーを奏でている。森でそんな共鳴の輪のなかに一緒にいると、非常に感動的です。

共に食べることで響き合う時間は、本当に楽しいものなんですよ。

お腹を抱えて笑おう

ゴリラはお腹で笑う

最近心から笑ったことはありますか?

ゴリラはね、笑うとき、ゲタゲタゲタゲタって豪快に笑うんです。あの声はいったいどこから出ているんだろうとお腹を触ってみると、お腹がボコボコボコって笑うごとに震動する。

そう、ゴリラって、**お腹で笑うんだ**と初めてわかった瞬間です。

ゴリラのお腹はすごく大きくて、パンパンに張っているように見えるけれど、じつはグニャグニャ。全身に力が漲《みなぎ》って、体を張るときだけお腹もパンパンになる。で、笑うときはまるで太鼓のようにボコボコと震動するんですね。

人間は普段、喉もとで笑っているから、お腹までは震えない。だけど、本当に楽しいときは、「ハッハハッハッハ」って腹の底から笑うでしょう。そんなときはお腹がベコベコしていて、ゴリラの笑いと一緒。これが〝笑いのオリジン〟なんですよ。

だから、**笑うときは「お腹を抱えて」笑いましょうよ。**

よく笑うお年寄りは、子どもからも好かれます。

笑いは伝染します。子どもたちは新しいものや未経験なことに出会ったとき、最初は緊張しますよね。たとえば、森の中で大きなゲジゲジやクモに出会ったとき、どうしようかと身を固めて立ちすくむことがあります。そんなとき、いっしょにいたお年寄りが笑って手を伸ばしてみることで、一気に安心して笑い顔になります。笑いは周囲の空気を和らげ、気分を一つにまとめて楽しい方向へ導く力を持っています。そのきっかけをつくるのは、経験値が高いお年寄りなのです。

あとゴリラにはもう一つの笑いがあって、それが遊びを誘おうとするときの〝**微**

笑〟。近づいてきて、目をキラキラと光らせて、ちょっと顔を弛緩させたような人間のほほえみに似た表情をするんです。

人間だって、好奇心に目を光らせるじゃないですか。ゴリラの目は好奇心で文字通り光るし、愛嬌のある笑い顔になる。これは、遊びたいんだなっていうのが、周囲にも即座にわかる。

お年寄りがよく浮かべる**いたずらっぽい笑いは、子どもたちを引き付ける魔法の魅力**を持っています。私もよく、小さい頃におじいちゃんやおばあちゃんの笑いに誘われて、いつのまにかお手伝いをさせられていた経験があります。

こうしたことのすべては、後述するゴリラのタイタスが遊びのなかで教えてくれたこと。これって、ご老人が周りから慕われる秘訣でもあると思うんですよね。

離婚なんて怖くない

類人猿はメスが動く社会

昨今、「熟年離婚の増加」がニュースになっています。統計によると熟年離婚の割合は過去最高の23・5%を記録したそうですし、定年後、妻から離婚を切り出されたと嘆く声もちらほらききます。

でもね、これは熟年離婚に限った話ではないですが、**たとえ女性が男性のもとを去ってしまっても、そんなに悲観することではありません。**

類人猿は、ゴリラもチンパンジーもオランウータンも、すべからくメスが動く社会だからです。オスは動かない。

たとえばゴリラのメスは、約1年間しっかり片時も離さずお乳をやったあとは、子どもを父親のシルバーバックのもとへ連れて行って、自分は子どもから離れます。子どもをオスに預けるわけで、子離れがとてもうまい。すると子どもは、しだいにお母さんを忘れて、父親を頼るようになります。そうやって子どもが乳離れすると、メスは子どもにほとんど構わなくなり、新たなパートナーを見つけて群れを出て行ってしまうことがけっこうあるんですね。

一方、ニホンザルは母系社会ですから、メスは生涯生まれ育った集団を離れません。おばあちゃん、お母さん、娘が強い連合をつくって暮らしており、オスが各集団をわたり歩いていきます。

どちらの社会の形にしろ、これは**多様性を重視した種としての生存戦略**なんです。多様なオスの遺伝子を受け継いで子どもたちを産んだほうが、環境の変化に対処できる確率が高くなる。

しばしばゴリラのメスが集団を出ていってしまうのは、一つの集団にメスの数が増えていくと、いくらシルバーバックの力が強くても力が分散されてしまい、自分が保護される確率が低くなります。ならば外にいる独り身のオスと一緒になったほうが、全身全霊をかけて大事にされる、という事情もあります。

逆にいうと、長く独り身でいるオスのゴリラもあまりいません。あるメスが去ったとしても、必ず別のメスがやってきてくれる。**ゴリラは、去る者追わず、来る者拒まず**なんですね。

人間の祖先もまた、もともとは女性が動く社会だったと考えられています。狩猟採集民の暮らしを観察すれば、見かけは一夫一妻ですが、一生の間に複数の相手と夫婦関係になることが結構あるようです。ところが西洋社会に典型的に見られるように歴史のある時点から、男たちが連帯して、女性の動きを封じる社会を形づくってきた。家庭にしばりつけ、社会進出をはばみ、男による男のための家父長制社会をつくり、権威を振りかざした。それが世界中に蔓延したのです。

そんな父権制はいまやすっかり壊れつつあります。現代における離婚の多さは、人が本来的なルーツに立ち返って、女性が動く社会に戻りつつある予兆なのかもしれません。

共感力が人間社会をつくった

しかしここで、他の類人猿と異なる人間社会の特徴を踏まえておく必要があります。先にもふれたように、人間は「家族」と「共同体」という二重構造の社会を選択したということです。

人の祖先が熱帯雨林を離れて、肉食獣がうようよいるサバンナで暮らすには、大きな共同体をつくって互いに助け合う必要がありました。家族は見返りを求めずに奉仕し合う組織ですが、共同体は自分が何かをしてもらえば恩返しが必要な、互いに協力する互酬制を原則とする組織です。

編成原理の異なるこの二つを両立させたのは、「共感力」に他なりません。

相手の立場に立って物事を考えたり、長い時間軸のなかで自分も身体が動かなくなったり困ったりすることを想像して、**自己利益を求めずに相手のために尽くそうと共同体のために動く**のが人間です。

他の類人猿でもサルでも、集団生活をするのはあくまで自己利益のためで、利益が落ち始めたら他の集団に移り、元の集団のアイデンティティは失います。

でも人間は自分の不利益を承知で、仲間のために尽くすことができる。**元の集団のアイデンティティを保ったまま他の集団に入ることができるし、自分がハブになって集団同士をつなぐことだってできる。**これが他の霊長類にはない大きな特徴なのです。

家族というものを維持しつつ、共同体で役割を演じるには、夫婦間の絆を強め、インセスト（近親相姦）を禁じ、浮気を社会的にタブー視する必要があったのです。チンパンジーのような乱交社会で二つの原理を成り立たせることはできませんから。

人間は、共同体という多様な家族が集まった社会組織を作り、つまり**多様な遺伝子をもっている子孫を共に育てる道を選んだ**ことで、メスが個として多様なオスの子を産む必要がなくなったわけです。

人間は、男も女も「生涯を誓い合うパートナー」として相手を選びます。家族を基盤として、共同体のなかでさまざまなトラブルや協力関係が変化していっても、必ず家族のもとに帰ってくる。そして、夫婦の性交渉によって愛は永遠になると考えるようになりました。

かたや**動物の社会では性交渉はオスとメスを結びつけません**。多くの動物で、集団はメスのもので、やってきた種元となったオスはまた去っていく。類人猿では群れの中心にオスがいて、メスが去っていきます。オスが去るか、メスが去るかの違いだけで、なにも交尾によってオスとメスの集合体ができるわけではないのです。

だから元来、男女を結びつけておくファクターとして、性はとても弱い。むしろ互いを思う共感力が、人間の家族と共同体を成立させてきたことを忘れてはなりません。

共同体があれば生きていける

このように人間の社会の基本構造を知ると、家族が失われても共同体があれば人は生きていけることがおわかりいただけると思います。

総じて女性は、男性よりもさまざまなコミュニティへの接続がうまいから、美しく老いている方が多いですよね。自分をしっかり持っていて社会性を失わない。

長年、会社にべったりで、利益中心主義の社会に適応しすぎてしまった男性は、「目的がなく」人と付き合うことがけっこう苦手です。会社を離れると、どこにも属するコミュニティがなくて、孤独になってしまいがち。

共同体は、必ずしも現在住んでいる場所に限らなくてもいいんです。いまは人々が複数の地域をわたり歩いて暮らすことも容易な時代になったのだから、土地のしがらみに縛られて生きる必要はない。

複数のコミュニティで自由に動いて、自分の力を発揮しやすい場を見つけるのもよいでしょう。ちょっと目先を変えるだけで、自分にとって溶け込みやすい環境がきっとあるはずです。

——ということで、世のご婦人方には、寛容な精神で「共感力」の発揮をお願い申し上げるとともに、男性のみなさんにおかれましては、たとえ妻が離れていったとしても、コミュニティに根ざしてさえいれば楽しく生きていけることをお伝えしたいと思います。家族と共同体、両方とも失っちゃダメですよ。

第Ⅲ章

忘れがたきもの

老年のタイタスとの再会

タイタスと遊んだ日々

私の人生のなかでもう二度とは起こらない、友達タイタスとの忘れがたき再会についてお話ししたいと思います。

タイタスは、1980年にルワンダでマウンテンゴリラの調査を始めたとき、私が最初に調査した6頭のオスの中の1頭です。当時タイタスは6歳でしたが、その2年前に生まれ育ったグループが密猟者に襲われて、多くのゴリラが殺されて散り散りになってしまったんです。

タイタスのお母さんもお姉さんも他のグループに移ってしまって、タイタスはみなしごになった。でも、そこに若いオスたちが集まって来て、オス同士のグループが作られました。普通だったらオスは、思春期の10歳ごろになったら自分の集団を出て、ひとりでオスとしての修行を積まなくてはいけないのですが、タイタスはまだ6歳で独り立ちできないから、なんとなくオスたちが集まって仲良く暮らすようになったんですね。

ピーナツグループと名付けたこの群れをずっと調査していたのですが、タイタスはよく私に遊びをしかけてきたので、とても仲良くなりました。私の調査の仕方は、**毎朝、標高3000メートルのキャンプ地で飯を作って支度をし、ひとりで歩いて森に入っていき、ゴリラの歩いた跡をたどって会いに行く**というもの。そこで、一日中ゴリラの群れのなかにいて、ゴリラの行動を記録する日々でした。

私はなるべくゴリラには自分からは接近しないようにしていましたが、いたずら好きのタイタスが後ろから肩にのしかかってきたりするので、一緒によく遊んでいましたね。

あるとき雨が降ってきたので、木の洞《うろ》に雨宿りで入り込んでいたら、タイタスが入って来て、両手を広げて私に抱きついてきて、そのまま寝てしまったこともありました。６歳といっても体重が１００キロ近くありますから、ものすごく重たかったですよ。

眠っているタイタスを見ながら、人間のせいで家族を失ったのに、こんなにも人を信頼することができるのだろうか、そういう辛い記憶を忘れてしまえるのだろうか……と感じたものでした。

約2年間、ゴリラのなかで暮らしました。ゴリラの速度で歩き、ゴリラのしぐさで挨拶し、ゴリラの音声で応える毎日――人間と付き合うより、ゴリラたちとずっと濃密な時を過ごしました。

ところがそんな日々は、突如終わりを告げます。

私を指導してくれたアメリカ人研究者のダイアン・フォッシーが、山の上のキャビンで寝ているところを何者かに襲われて、惨殺されたのです。密猟に反対し、野生動物の保護を訴えていた彼女は多くの利害関係者と対立していましたが、真相は闇のなかです。

事件を受けて、研究者が山の上でキャンプをするのが禁じられ、しかもその後しばらくしてルワンダで内戦が勃発し、その地でのゴリラ研究もストップして、私はタイタスと別れることになったのです。

26年ぶりの再会

内戦でたくさんのゴリラが行方不明になったり死んだりしました。でもタイタスはなんとか生き延びて、立派なオスになって自分の群れを率いるまでになったことは、友達の研究者から風の便りに聞いていました。

数十年の時が経った2008年のこと――。

NHKのディレクターがやってきて、「山極さん、昔ゴリラの調査をしてたでしょ？そのゴリラと再び会ったとき、ゴリラは山極さんのことを憶えていますかね？」と訊くんです。「そりゃ憶えているに決まっているだろう」と言ったら、「それ確かめてみませんか」と言う。

これはえらいことになったと思いつつ、そう言った手前、事実かどうか確かめにいかなければと思ったわけです。ちょうどその直前、私はガボン共和国でゴリラに襲われて頭や足に大けがをしていて、縫った後の傷も癒えていない最悪のタイミングでした。

それでも杖を突きながら山を登って、26年ぶりにタイタスに会いに行ったんです。このときは、研究者として調査に入るわけではないので、「ゴリラの8メートル以内には近づかない、観察は1時間以内」という観光客としての規則を守らなくてはなりませんでした。

26年ぶりに再会したタイタスはすっかり老いていて、肩の肉が落ちて、目もしょぼしょぼしていて、動きが緩慢でした。近づけないので、私が「ぐむーっふー」というあいさつ音を出すと、タイタスはちらちら横目で見てくるくらいで、すぐに背を向けてしまう。NHKのスタッフも「タイタスあんまりポジティブな反応しませんでしたね。憶えてないいんじゃないいんですか」という。

でも私は諦めきれず、その2日後にもう一度タイタスに会いに行ったんです。そしたら、会った瞬間にタイタスが真っ直ぐ近づいてきて、まじまじと私の顔を見つめました。そして、私が発したあいさつ音に同じように応えると、**みるみるうちにタイタスの顔が子どもっぽくなった**んです。

突然、タイタスは仰向けになって、腕を頭の後ろにして寝転びました。それは、昔タイタスがよくやっていたポーズでした。あれ？　タイタスは昔に戻ったかなと思いました。年をとったゴリラはお腹が大きく出て身体も硬くなっているから、あまり仰向けになるのが好きではありません。それなのにわざわざ仰向けになり、しかも近くにいた3〜4歳の子どものゴリラとゲタゲタと笑い声を立てながら遊び始めたんです。もう本当に子どもに戻ったかのように。

しばらくして、はっとしたように顔を上げ、おもむろに子どもから離れ、私をまじまじと見つめたタイタスは、もう老人の顔に戻っていました。

このときのタイタスは34歳で、人間でいうと70歳くらいです。老いた顔でじーっと私を見つめたあと、踵《きびす》を返して、森の中へゆっくりと帰っていったのです。

そこで確信しました。あっ、確かにタイタスは昔を思い出したのだと。私を思い出したというより、**私を通して過去の自分に戻ったのかもしれません**。人間でもよく、昔大事にしていた人形やおもちゃに出会うと、幼少期の自分が蘇るように――。

ゴリラの記憶のなかには、時系列に沿って何かが並んでいるわけではなく、ランダムに過去の記憶がしまい込まれていて、身体の感覚と連結しているのだと思います。だから過去の情景が蘇ってくると、自分の身体もふと過去に戻ってしまう。

私たち人間でも、認知症の人に見られるように頭のなかの記憶が時系列に整理できないと、すっと過去に戻ることがありますよね。ご老人で少し認知が衰えた人でも、子ども時代のことはすごく記憶に残っていたりするのと似ています。**五感と結びついた身体の記憶は原初的なもの**です。おふくろの味とか、お父さんの匂いとか、おばあちゃんと手をつないだときの手の感覚とかは、記憶の深い部分と結びついているものです。

だから、タイタスにとって、私のことは幼少のころの身体の記憶として刻まれていたのだと思います。26年間の不在の時をこえて、ほんの短いあいだでしたが、かつての時間を思い出してくれた。
あとにも先にもない、一度限りの記憶の蘇りだったと思います。

タイタスはその翌年に亡くなりました。彼が死ぬ前にそういう機会を持てたことは、私の人生のなかで、とても忘れがたい出来事です。

私はつくづく、**老年期の大きな楽しみの一つは、身体に眠っていた過去の記憶との再会なのではないか**と思うのです。人生のなかでの幸福な出会いだったり、大切な原風景だったり……それがふとしたきっかけで新たな意味をおびて立ち現れてくる。それは老年期だけに許された〝過去との出会い直し〟ではないでしょうか。

〝ワガママ〟に生きた今西錦司さんの精神

未知に挑むパイオニアワーク

私が人生のなかでずっと考え方の指針にしてきたのは、日本の霊長類学の創始者・今西錦司さんです。１９０２年生まれの今西さんと私は50歳も違うので、直接教えてもらったことはありませんが、自然とどう向き合うのか、フィールドワークにさいしてどういう身構えで臨むのか、常に今西さんを意識してきました。

今西さんは、西田幾多郎の哲学の理論を、実際の自然のなかで実証しようとした人で、当時主流だったダーウィンの進化論に対抗して、「生物社会学」という分野を新たに切り開きました。登山家としても有名な人で、人間がまだ登頂していない未踏峰を踏みたいというパイオニアワークの精神をまさに実地で行ってきたわけです。

今西さんは未知に挑むにあたって**「極地法」**――まずベースキャンプをつくってそこから指令を出してアタック隊を派遣する方法をとっていました。隊の安全と食料を守るため万全の用意をする。一方、私の直接の師匠の伊谷純一郎さんは、3〜4人の少人数の隊で現地の人たちと一緒に歩み、生身の体で直接どう自然と接していくかを探る方法でした。

真逆の手法ですが、私は地域によってその両方の手法を使い分けてきましたし、何よりも自然に対する気構えを受け継ぎました。

多少危険を冒してでも、誰もやっていないことに挑む――そんな先人がいるからこそ、「ここで引き返したらダメだ、冒険するんだ」と勇気づけられてきた気がします。未踏の頂に登れたときの大きな喜びを信じて。

今西さんとは毎年3月に、京大の霊長類研究所で行われるホミニゼーション研究会でご一緒していましたが、晩年ご病気で臥せっていたころ、じつは最後に病院を出て、日本モンキーセンターを訪問されたことがあったんです。

当センターでリサーチフェローをしていた私は、そのときにゴリラの飼育員で山仲間の佐藤正雄さんと交代で車いすを押して、今西さんとお話ししながらそこに飼育されていたゴリラなどを紹介して回りました。だから私は、今西さんが外に出て付き合った最後の人間ということになります。

モンキーセンターは１９５６年に今西さんが創設した場所ですから、最後に見たいと思われたんでしょう。いろいろと変革した園舎とかを見ながら、「うんうん」と満足そうに頷いていたのを鮮明に覚えています。そのときはもう視力もけっこう衰えていましたが、食べる意欲はすごくあって、「上寿司を取ってくれ」と言って、美味しそうに食べていましたね。

「今西さんは、何言ってるかわからん」

１９８０年代に、忘れもしない対決があって、イギリス古生物学の権威で保守的ダーウィン主義者であったオックスフォード大学出身のベヴァリー・ホールステッドという地質学者が今西さんをやっつけに来日したことがあるんです。ダーウィン進化論を信奉していた日本の研究者たちが呼んだんですね。

ホールステッドが京都にやってきて、今西さんと対談したんですが、「今西さんは、何言ってるかわからん」と言う。そして今西さんの弟子や周辺の研究者たちとも対談したら、虚を突かれた。

ホールステッドは後に著書のなかで、「今西の弟子たちは今西の説を誰も信じていない。だけど今西のもとに集まってくる。それは、今西が人間的な魅力があるからだ。それは、オックスフォードの伝統と一緒だ」と記すんです。

オックスフォードでも、師匠の説を誰もが信じているわけではない。むしろ師匠の説を乗り越えようとして、みなが切磋琢磨している――それが本来の学問の世界です。

京都大学の理学部や文学部の伝統では、研究所の学生たちも「先生」とは絶対に呼びません。「今西さん」です。私の師匠の伊谷さんもそうですし、私の研究室の学生たちも、私を「山極さん」と呼びます。

先生なんて言ってしまったら、その先生を乗り越えるのが難しくなる。学問の世界では、先生も弟子も「さん」付けで呼び合えるくらい対等です。そこから出発しないと、議論を闘わせながら新しい説を立てていくことはできないというのが常識だったんですね。

そんな関係でありながら、霊長類研究所を立ち上げた今西さんのような方には圧倒的な人間的魅力があるから、弟子たちがその説を信じなくても、その傍に常に集まってくるわけです。ホミニゼーション研究会も、今にして思うと、そんな雰囲気でした。

ワガママに生きたほうがいい

そんな今西さんのお人柄をひと言でいえば、〝ワガママ〟な老人なんです。我が強くて、自分の意見を曲げない。ただ、人の意見はよく聞く方でした。

いろいろと面白いエピソードがあって、結構美食家タイプで美味しくないものは、「これはワシの食べるものとは違う」とプイッと横を向いて見向きもしない。京都人だから食にはうるさかったですね。

それによく、気まぐれに人を欺《あざむ》いてくるのです。スタスタ歩けるときも、わざわざ杖をついて、よぼよぼの老人のふりをして。

今西さんは生涯で1500山以上登るのを目標にしてましたから、けっこうな年齢になっても登山をしていました。山仲間たちが今西さんを両側から支えながら頂上まで行って、万歳三唱してみんなでウィスキーを飲んで、また支えながら降りてくる。もちろん体力的に独りで往復はできなかったと思うのですが、けっこう弱々しいふりをしていて……そんな茶目っ気がありましたね。

でも、それでいいと思うんです。

やっぱり**「人の良い」老人ではなくて、ワガママな老人のほうがいい**と私は思います。生涯ちゃんと自分を持っていて、自分の我を通す人であればいい。

いまは老人ホームとか医療の現場でも、高齢者をまるで子どものように扱うでしょう。たしかに、認知症になったり、体が思うように動かなくなれば、介護と子育ては似たところもあります。排泄だってサポートがいるでしょう。

でも老人というのは、これまでの人生を真摯《しんし》に生きてきた人たちであって、人生に対してひとかどの思いや誇りを持っている。一様に子ども扱いされると嫌なものなんですよ。ただでさえ「迷惑をかけちゃいけない」と気を遣っている人も多いですから。

ワガママに生きればいい。

ワガママでありながら、人とは仲良くしていく。

まわりに迷惑をかけたっていい。ただし、迷惑をかけるときは面白くなきゃ駄目。

今西さんは、迷惑のかけ方がうまかった。だからみんなが寄って来て、むしろ今西さんに迷惑をかけられるのが嬉しいくらいでした。

本当に、面白い生き方をされた方だと思う。

じつは今西さんが最初の教授になった京都大学自然人類学研究室、創設された日本モンキーセンター、そして京都大学霊長類研究所、この三つを研究者として雇用されながらわたり歩いたのは私だけなんですよ。今西さんの切り拓いた道筋をたどってこれたのは、私の人生の誇りになっています。

「煙の先生」伊谷純一郎さんの思い出

ルソーへの批判

もう一人忘れがたき人の思い出をお話しすると、何といっても私の師匠である伊谷純一郎さんです。伊谷さんは霊長類の世界にも見事な社会構造が存在することを世界ではじめて突き止め、「生態人類学」という新しい学問を切り拓いたパイオニアです。

私は京都大学に入学して、たまたま伊谷さんの『ゴリラとピグミーの森』という本を読んだのがきっかけで探検への憧れに火がつき、人類学は「人間とは何か？」という問いに答えを出してくれる学問かもしれないと思って、サル学を志しました。

忘れもしない、一番最初に伊谷さんの自然人類学教室を訪ねたときのこと。タバコの煙がもうもうと立ちこめていて、酒瓶が転がっているわ、机の上にあぐらをかいて昼間から花札をやっている学生がいるわで、度肝を抜かれました。

当時、助教授の伊谷さんはとても腰の低い人で、初めて見たときは用務員さんと間違ってしまったほどですが、話してみると非常に鋭くて怖い先生でしたね。

今西錦司さんがダーウィンの進化論に異議申し立てをした人ならば、伊谷さんはジャン＝ジャック・ルソーの『人間不平等起源論』を批判した方です。

ルソーは「自然状態」と呼ばれる人間の原初的な段階においては、言語、教育、階層などが何もなかったために争うこともなく不平等は存在しなかったが、「社会状態」で農業や私有財産が導入されると、人々の間に競争や嫉妬、利害関係が生まれ、不平等を拡大させる要因となると分析した。

ところが伊谷さんは、自然状態において、人間は人間である以前にすでに格差社会を作ってきたことを指摘します。たとえばニホンザルは優劣を基準にして社会を作っています。相手と自分のどっちが強いか弱いかを瞬時に見極めて、争いが生じる対象を弱いほうが譲ってトラブルを防ぐ方法です。

群れて生活をする霊長類は、餌や交尾相手を巡って必ずトラブルが起きます。単独で生活しているサルは離れ合うことでトラブルを防げますが、集団生活を成り立たせるためにはルールを作る必要があったわけです。

興味深いことに、類人猿は〈力の弱いほうが譲る〉という優劣中心のルールとは別に、**第三者が入って勝ち負けをつけずに、お互いのメンツを守って引き分けるルール**を作り、「和解」をするようになりました。

みなさん、ケンカというのは勝敗をつけるためのものだと誤解している節がありますが、ゴリラもチンパンジーも、ケンカは必ずしも勝ち負けをつけるものではありません。互いにぶつかり合ったあとに和解をすることで、最初よりもよい関係になっていたりする。

ゴリラではとくにそれが顕著です。ケンカは第三者が仲裁して和解をし、より良い関係を作るためのプロセスの一つなんです。このとき仲裁者として大きな役割を果たすのが、繰り返しますが高齢者です。ゴリラは負けず嫌いな動物ですが、誰かが仲裁に入ってくれれば互いを傷つけることなく身を引く。

人間も非常に負けず嫌いですよね。だからこそ、それをうまく仲裁してくれる人が必要です。**サルの優劣社会から出発し、そこから進化史のなかで枝分かれしたゴリラやチンパンジーなどの類人猿は、だんだん対等や平等を重視する社会に移行していった。**人間はその延長線上にいることを伊谷さんは喝破した。それが伊谷さんの打ち立てた「人間平等起源論」だったわけです。

遊びと「平等」の思わぬ関係

類人猿はサルと違って対等や平等の関係を希求する傾向があることは、じつは遊びによくみられます。サルはせいぜい数十秒しか遊びが続かないのですが、ゴリラやチンパンジーは何十分も遊んでいられる。

その差はどこから生まれるのか？

遊びの特徴は何かというと、遊びを誘うのはつねに体の小さいほうだということ。

遊びは強制できません。いくら「遊べ」と言ったって、弱いほうが「嫌だ」と言ったら遊びは成立しませんから、**小さいほう、弱いほうが遊びのイニシアティブを握っているんですね。**

遊びに誘われたら、体の大きなほうは小さいほうに合わせて力を抑制しないと遊びが起こらないし、持続もできない。しかも、「ターンテイキング」といって、相手を組み伏せたり自分が組み伏せられたり、相手を追いかけたり相手に追いかけられたりと、役割の交代があってこそ、遊びは持続します。

小さい個体と同じ目線に立って、力を落として、相手の力に合わせる。そのことによって、相手の気持ちや、相手の身体の能力を推し量る能力が生まれる。これが、共感力なんです。この共感力は遊びによってこそ鍛えられます。

人間が、すべての動物のなかで一番遊びが得意な動物であることを明らかにしたのは、『ホモ・ルーデンス』で知られるヨハン・ホイジンガですが、遊びがすべての文化、すべての政治の元になってもいる。遊びや仲裁といった、互いの関係を優劣ではなく対等に自由なものにする行為が増えていったことで人間社会は発展したというのが伊谷さんの画期的な説でした。

そんな伊谷さんは実に遊び心にあふれていて、人をからかうのが大好きでした。たとえば、チンパンジーの仲間のボノボの研究を創始した加納隆至《たかよし》さんは、初めてアフリカに行った頃は伊谷さんについてチンパンジーの調査をしていました。ギター好きの加納さんはギターを背負って歩いていたのですが、猛暑と疲労に根負けして持っていたものを少しずつ投げ捨て始めました。それを伊谷さんは面白おかしく、「とうとう加納はギターまで投げ捨てよったんやで」と、加納さんの前で語るのが好きでした。「そんなことありまへんで」と加納さんが強く抗議するのが常でしたが、師匠と弟子の温かい関係が私たちに伝わってきて、「あのコンゴ盆地を一人で踏破したパイオニアの加納さんでも、当初は苦労したんだなあ」と思わずほほえましく思ったものでした。

あと伊谷さんは犬が大嫌いでね。昔、歯を折ったときに歯医者に「犬の歯入れてやろうか」って言われて以来、ずっと犬が嫌いになったそうですが、サルの天敵は犬なので、生涯サルの立場に立ってものを見ていたのかもしれませんね。

伊谷さんは鳥が大好きで、朝早起きしては散歩しながら鳥を観察するのが趣味。アフリカに行っているときもことあるごとに鳥を観察して、スケッチしていました。伊谷さんは声だけで「あれは○○鳥だ」って種類を即座に言うのですが、わりとよく外すんですよ。鳥好きの弟子たちが一緒に歩いて発見した、茶目っ気のある一面です。

伊谷さんは卓越した指導者ですが、決してフォロワーを作らなかった。京都大学の自然人類学研究室の伝統にならって、伊谷さんもまた周りに「先生」とは呼ばせず、みんな「さん」づけで呼んでいました。

ただ師匠の考えに追随していくような姿勢では、弟子たちから新しい研究は生まれませんから、**フィールドワークに行くときも、「捨て子方式」**でした。現地の途中まで連れて行ったら、すぐに伊谷さんも先輩たちも帰っちゃうんです。ゼロから、そのフィールド研究を自分で立ち上げろって。

私自身、アフリカに現地調査に出向いたさいも、当時のザイール共和国の首都のキンシャサまでは先輩たちと一緒に行きましたが、そこからは独りで国内線を乗り継いで目的地へ向かいました。地方の空港は照明がないので、キンシャサを夜に立って朝に地方に着くようになっていましたから、人でごった返すキンシャサの空港で夜に荷物を抱えて搭乗便を探しました。乗った飛行機が予定外の空港に降り立ったので、そこで教会に一泊させてもらい、翌朝に飛行機便を探して本来の目的地へ。両手に荷物を抱え、何度も人に騙されそうになりながら切り抜けた記憶があります。右も左もわからず、本当に大変でしたね。

でもそれは、パイオニアワーカーである伊谷さんが、自分の個性に合ったフィールドワークを自ら立ち上げなければ発見はないし、そこから理論を立てることはできないことを痛感していたからだと思います。学生でも対等な立場でそれぞれのフィールドに挑む研究室の空気は、まさに人間平等起源論の実践そのものでした。

アフリカでは「煙の先生」と言われ……

伊谷さんは肺気腫がもとで亡くなりましたが、お年を召してもタバコをいっぱい吸っていましたね。

タンザニアでは、「ブワナ・モシ」、つまり**「煙の先生」「煙の旦那」と現地の人々からあだ名がついていたほどのヘビースモーカー**。あまりにも煙がすごいから、「草原の機関車」とも呼ばれていたほどです。昔は学内での禁煙とかはなかったので、教壇に立つとき必ずショートホープの箱入りを二つ用意してタバコをくわえながら講義をするので、ゼミ室はいつも煙でもくもくとしていました。

私はその研究室でタバコと酒を覚えました。フィールドワークでは現地の人たちと食事を共にし、さまざまなことを一緒に共有するなかで信頼関係を築いていく必要があって、やはり酒席がものをいう。現地の人たちからしたらゴリラはすごく危険な動物なわけで、私としては何とかみんなを説得して危険を承知で付き合ってもらう必要がある。彼らと一緒に生活しながら、同じものを食べて飲んで一緒に仕事をする方向に誘導していく大切さは、完全に伊谷さんの薫陶によるものです。

先にもふれた通り、伊谷さんは少人数で当座の食料とライフルを担いで、フィールドワークをするスタイルでした。野生動物が闊歩する野生の生活を肌身で感じることを大切にしていた。とにかく脚の力が素晴らしく、どんなに長い距離を歩いてもへこたれない強さがありましたね。歩きながらひたすら自分の目で観察し、ノートに記録していく――生涯しなやかに歩いた人でした。

伊谷さんは75歳でお亡くなりになりましたが、自由に原野を飛び回っていただけに、長年ご無理をされていたように思います。最後までアフリカを旅行して、ＮＨＫの取材班と一緒に大きな番組をつくったりしていましたから。

いまもなお、紫煙をくゆらせるその姿が偲ばれてなりません。

ナイロビの学振オフィスで
（左から著者、伊谷純一郎さん）

愛煙家で知られた伊谷純一郎さん
（自宅の応接間にて）

今西錦司さん

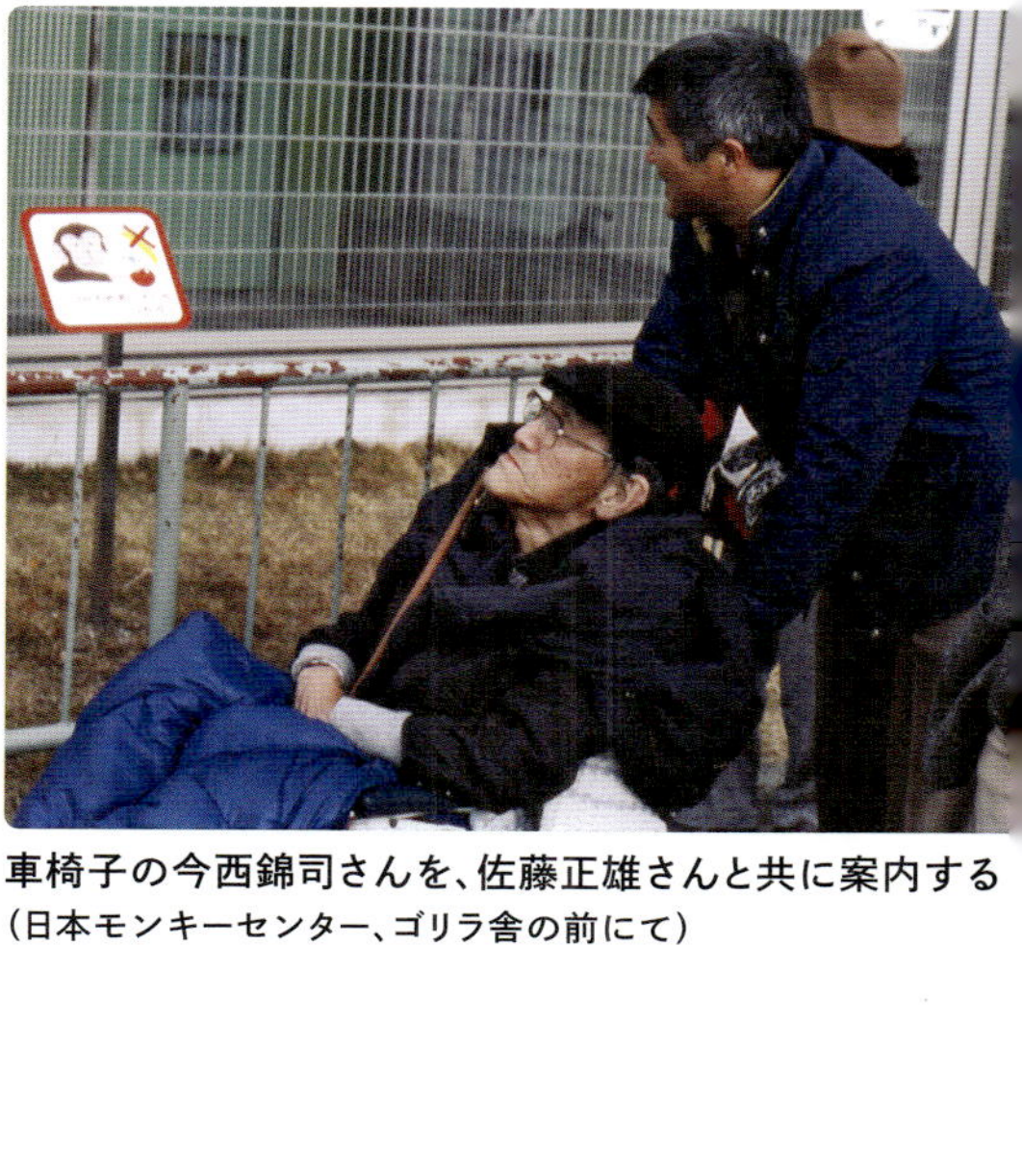

車椅子の今西錦司さんを、佐藤正雄さんと共に案内する
（日本モンキーセンター、ゴリラ舎の前にて）

「サル学」の
フロンティアを切り開いた
河合雅雄さんと

〝身体が弱かった〟河合雅雄さんの道

小学校に半分も行けなかった

「持病が辛い」「いつも体調が悪くて」……と、身体の弱さを嘆かれる高齢者が多くいますね。かくいう私も前述の通り、糖尿病です。

身体の不調を抱えていると、人生でやれることはもう何もないような気分になって、落ち込んでしまうこともあると思います。私自身、何度もマラリアに罹ったり、ゴリラにも襲われて大けがをしたりして愕然としたことがあります。

しかし、ときに身体の弱さは大きな創造性へと導く契機となります。

私にとってもう一人の忘れがたき人は、京大の霊長類学者で児童文学作家としても知られる河合雅雄さんです。

サルのイモ洗い行動の発見者として世界的に有名な河合さんは、じつは小3のときに小児結核にかかって、学校も半分行けなかったほど、体の弱い方でした。高校時代には悪性の肋膜炎にかかって療養生活を余儀なくされています。だから、同じ今西錦司さんの弟子でも、頑健でどんな極地にも少人数でアタックしていく野生的な伊谷純一郎さんとはまったく違うタイプで、繊細でしたね。決して怒らず、ケンカせず、意見を述べるときは相手をきちんと立てながら話す、優しいお人柄でした。

戦後間もなく、今西さんが動物社会学を立ち上げたとき、弟子たちに「それぞれの動物の社会を研究せい！」と号令をかけたのですが、河合さんだけはフィールドに出ていく体力がなかったから、丹波篠山の実家でウサギを飼って、その社会行動を研究したんですね。

その後、日本モンキーセンター（愛知県犬山市）に赴任した河合さんは、ニホンザルの研究からアフリカでのゴリラの調査まで、獅子奮迅の働きをするのですが、あるとき死線をさまよう事態に陥ります。たまたまアフリカからモンキーセンターに空輸されてきたゴリラから結核を伝染《うつ》されてしまい、みながもはやこれまでかと覚悟したのです。

「片方の肺が溶けてしもうてな。もうあかんということだったんやが、運がいいことに結核菌がアフリカ奥地の菌でまだ抗生物質に慣れておらんかってな。劇的に薬が効いたんや」

なんとか九死に一生を得た河合さんが、そう嬉しそうに語っていたのをよく覚えています。

以後、片肺となった河合さんは階段を上るのも苦しそうにしておられましたが、そんな逆境にもめげず、なんとかフィールドで観察を重ねながら幸島でサルのイモ洗い行動を発見します。河合さんの論文は世界的に評価されましたが、イモ洗いという文化的行動が全ての個体にどうやって伝播していったのかを実験的な手法で明らかにしたのです。

身体の弱さが生んだ実験的手法

伊谷さんのような体力のあるフィールドワーカーは、とにかくチンパンジーやゴリラに肉薄して観察を重ねるのですが、河合さんは体が弱かったので、たとえばテレメーターという小型の発信機を開発し、森林に生息するサルに付けて、樹上で見えにくい条件でも追跡できるような工夫をしています。

伊谷さんがアフリカに行っている間、河合さんは、同じ初期モンキーセンターの研究員でしたが、犬山の桃太郎神社に「野猿公苑」を造り、そこに屋久島から連れてきたニホンザルを放つんです。そもそも野生のサルを人工の公園に放つなんて、非常に実験的な手法ですが、これによってさまざまなニホンザルの社会行動を先んじて発見しました。

身体の弱さを逆手にとって、過酷なフィールドワークを行わなくとも研究できるような創意工夫をしたわけです。

周りをその気にさせるのも上手くて、「ここに行ったら面白いんじゃないかな。一人じゃできないから、一緒にやってみんか」と巻き込んでいく。カメルーンに行ったとき、現地に滞在している日本人の人たちがみんな河合さんに協力的で、進んで車を出したり人を派遣したりしているのを見て、驚いたことがあります。まさに、弱さを強さに変える人間力がありました。

もう一つ私が河合さんに学んだのは、わかりやすい言葉で一般の人たちに向けてサル学や霊長類学を広める姿勢でした。河合さんは多くの一般書を書き下ろしましたが、タイトルを付けるのがうまいんですね。『森林がサルを生んだ─原罪の自然誌』なんて、思わずページをめくってみたくなるじゃないですか。河合さんは草山万兎《まと》というペンネームで、宮沢賢治ばりに児童文学も書いています。河合さんの書かれるものによって、サル学は広く日本で知られるようになりました。

伊谷さんがたくさん弟子をつくったとしたら、河合さんは裾野を広げて大勢の一般フォロワーをつくりました。サルだけじゃなくて、クマやシカや、野生鳥獣の保全を志す人たちもそこにはいます。

伊谷さんが生涯今西さんを越えようとして、自身の研究テーマを掘り下げることに専心したとすれば、河合さんは、もっと余裕を持ちながらサル学の裾野を広げたように思うのです。

病弱だった河合さんは一番長生きして、97歳まで生きました。晩年もかくしゃくとしていて、丹波篠山の生家に住んで、財団の理事長や博物館長、数々の組織の委員長を引き受けて自治体へ助言するなど、いろいろな役職を務めていましたね。

自分の体の弱さを知っている人のほうが、あまり無理をせず身体と付き合う知恵があるのだと思います。私も見習いたいものです。なまじ自分の体力に自信があると、やり過ぎてしまいますからね。

私が一般書を多く書いてきたのも、河合さんから受け継いだ伝統だし、弱さは創意工夫の源になることを教えられたように思います。

死者を弔うということ

葬送儀礼を発達させた人類

愛する人の死による痛みをどう和らげるかというのは、死を自覚するようになった人類が抱えてきた大きな悩みの一つです。読者のなかにも、心を痛めておられる方がきっといることでしょう。

人はいつから他者の死を弔っていたのでしょうか。諸説ありますが、どうやらすでに40万年前に出現したネアンデルタール人（旧人）は仲間を埋葬していたと考えられます。イラクのシャニダール洞窟でネアンデルタール人の骨と一緒にタチアオイなど数種の花の花粉が出てきていて、これは、死者に花を供えて弔った証拠であると言われています。

最近になってわかってきたのが、ネアンデルタール人は死者の骨をバリバリ砕いて食べていたらしいということ。これは人肉食でなく、死者の身体を自分たちで共有しようという、ホモ・サピエンス（新人）とは異なる死者に対する扱い方があったのではないかとも言われています。

ゴリラやチンパンジーのような類人猿に、死者を弔う行為は見られません。母ゴリラが亡くなった赤ちゃんの死体を持ち続けることはありますが、自分の身体の一部だと思っているか、自分の所有物だと思っているようです。臭いを放ち始めると死体を捨てるので、弔い行為ではありません。

人類だけが葬送儀礼を発達させてきたのです。

それは**死というものの痛みを和らげる社会的装置**とも言えます。共感力を高めた人間は、親しい人が亡くなった後も、自分の心身に埋まり込んだその人の存在をなかなか消すことができないのでしょう。人間は死する存在だけれども、亡くなったあともわれわれは憶えているよ、と。現在の世界と繋がっていることを儀式によって明らかにして、死は単なる消失ではなく、違う世界で生き延びられるトランジションに過ぎないという世界観をみんなで共有し合うことが深い慰めになってきたように思います。

パラレルワールドへの想像力

多くの宗教では死後の世界を明確に示して、天国であったり、極楽浄土であったり、最後の審判のあとの復活であったりと形はさまざまですが、あの世で永遠に幸せに過ごすために、現世で善行を積むよう説いています。あの世のほうが現世よりも重要視されてるんじゃないか、と思うくらいです。

つまり、**死後の世界という壮大なパラレルワールドを人間はつくりあげてきました。**

この、**「ここではない、向こう側の世界」への想像力**が人間の文明を発展させてきたといっても過言ではありません。そもそも人間の原初にあった狩猟採集生活は遊動生活だから、新しい土地へ向かい、その土地で適応しながら、また移動を繰り返して暮らすのは、常にパラレルワールドとしての向こうの世界への想像と好奇心と不可分だったでしょう。

定住生活を基盤とした文明が発展し、商人や旅人によって遠くの物や文化が伝えられて交易がさかんになっていったのも、ここではない向こうに、同じ時間を生きている別の人たちがいる——そんな好奇心に駆り立てられたからで、やがて大航海時代が花開くわけです。そして『ロビンソン・クルーソー』『ガリバー旅行記』『ドリトル先生航海記』のような、別の異なる世界には自分たちとは異なる人たちがいるという物語は世界中で愛されてきました。

そして、**宗教的な死後の世界と、地理的な別世界と、想像する向こう側の世界**の三つは同じように捉えられるようになっていった。

ゴーギャンの有名なタヒチの絵画「我々はどこから来たのか　我々は何者か　我々はどこへ行くのか」は、まさにその象徴的な作品でしょう。タヒチの世界とフランスの世界を対比させつつ、そこには「あの世」というもう一つの対比が描かれています。人間はこの世だけに留まっている存在ではない、死を通過して別の世界に旅立っていくのだという世界観もまた、この絵には秘められているように私は感じます。

人間の想像力のはじまりには、進化史的には、火が不可分だったと考えられます。人が最初に火を使ったのは１００万年前ごろに遡りますが、火を常備し、炉のなかに火を蓄えて日常的に使い始めたのは80万年くらい前の北京原人のころです。

火を使うことによってまず食糧革命が起き、それまで毒だと思われていたもの、たとえばデンプンなどが火を通すことによって食べられるようになり、肉も焼くことで、嚙みやすく、菌類が死滅して安全になりました。そして火によって、肉食獣など外敵を追い払うことができるようになった。それまで恐怖の対象でしかなかった、危険な肉食獣のうごめく闇を追い払うことができ、火の向こう側にパラレルワールドを想像できるようになったのです。

そこで大きな役割を果たしたのが踊り、パフォーマンスでしょう。現代でも狩猟採集民はみんな踊りが上手いものですが、火によって照らし出される円陣のなかで、動物の化身のような踊りによって、日中出会った出来事をみんなに伝える。**個々人が経験したパラレルワールドをみんなが共有できるようになり、想像上の旅へのトリップ**

が生まれました。

それは極めて宗教的な時間で、呪術師たちが幻覚作用のある薬草なども使いながら、人々をパラレルワールドにいざない、そこで死者と対面させる。すると普段は森の奥にいる祖先とのコンタクトが起こる。死者たちは森にいて生者を守ってくれる存在であり、自らのルーツを確認するものでした。

肉体が死んだあとも死者との付き合いがずっと続いていくような長いプロセスとしての死が、原初的な狩猟採集社会にはあったのです。

ゆっくりと別れる

じつは、私はモンキーセンターで働いていたころ、亡くなった同僚がまだ土葬の風習のあった岐阜出身の方で、その葬儀に立ち会ったことがあります。ニホンザルや系統的に近いマカクのサルを飼育する園舎を管理していて、とても気さくなおじさんでした。いつもサルが食べる餌を自分でも食べて確かめてからサルにやっていました。

彼の故郷は、死者を大きな桶に入れて土に埋め、1~2年経ったら、掘り返して洗骨して、改めて墓に納めることをしている地域でした。

死の別れというものが、数年かけてゆっくりと行われる長いプロセスだったのです。

現代社会では、死者はなるべく人目にさらさないように扱われ、火葬場であっという間に焼かれ、骨壺に納められて、墓に納められます。見えない対象になり、生前の写真くらいしかその人を偲ぶものはなく、もともと人類が長いあいだ大切にしてきた死者と共に生きる意識は急速に失われてきています。

日本にはまだお盆という風習が残っていて、先祖の霊が帰ってくるので供養して、また送り返すということをやっているものの、コロナ禍の数年間を経て、さらに死者への距離は遠くなりました。葬儀は親族だけで済ますことも多く、みんなで寄り集まって死者の思い出を語り、悼むことはほとんどなくなりました。お別れの会とかはありますが、死者と共に生きている感じはしないですよね。

アフリカの農耕民、たとえばコンゴのバシやタンザニアのトングウェといった民族などは、つい最近まで、墓を作らずに、自分の家の庭や地下に死者を埋めていました。

死者が庭先で寝ているような親しさがそこにはあって、文字通り、死者とともに生きている。森を移動しながら暮らすピグミーの人たちも墓を建てません。死体は森の奥に置き、ゆっくりと土に還す。森の奥は祖霊の住まう場所そのもので、彼らは森とともに生きているのです。

亡くなった大切な人をゆっくり語り継いでゆき、思いをはせること――それが喪失の痛みを和らげる、古くからの知恵ではないでしょうか。

第Ⅳ章

老いの気構え

良い老い方の三つの条件

愛嬌が生む安心感

長年、私が大切にしてきた考え方の一つに、松下電器産業（現・パナソニック）の創業者・松下幸之助氏が生前挙げていた〈リーダーになる三つの条件〉というのがあります。**「愛嬌があること」「運が良さそうに見えること」**、そして**「背中で語ること」**です。

生産者の使命は、貧困をなくすために生活物資を水のごとく世の中に供給することだという「水道哲学」を持っていた名経営者ならではの深い知見です。

これは、そのまま良い老い方の三つの条件になると、私は思うんですね。

まず**「愛嬌」というのは、親しみやすく、惹きつけるものがあって、そこに壁を作らないということ。**壁がなく、やわらかさのあるお年寄りには周りの人が近づきやすい。

とくに子どもは正直で、安心できる愛嬌のあるおじいちゃん、おばあちゃんのお膝にすぐ乗りたがるでしょう。自分が近づいていって触ったときに拒絶されないかどうかを自然に見抜いているんです。

そこに言葉は要りません。表情やしぐさ、態度で愛嬌が伝わるのです。

ゴリラの子どもは、大きなオスのシルバーバックの背中に乗るのが大好きです。背中で寝転がったり、毛をひっぱったり、頭を叩いたりするんですね。威厳があると同時にシルバーバックにはどこか愛らしさもあるから、そうやって子どもからちょっかいをかけられる。**自分が自由に振る舞ってても許してもらえると、そこが安心できる場所になります。**

そんなシニアのもつ包容力に、子どもたちは自然と惹きつけられてやってくるものです。

「運の良さ」を決めるもの

二番目の「運が良さそうに見える」は、言葉では説明しにくいものですが、言うなれば**「この人について行ったら何かいいことがあるに違いない」と思わせるオーラ**です。常に明るい気持ちを持ち続けているのが重要なのでしょう。失敗があってもクヨクヨせず前向きな高齢者からは、なにか身体から光り輝くものが出ている。するとか周りの人は、傍にいるだけでその人から〝良いお裾分け〟がもらえそうな気がするんですね。この人はたくさんの良いものを獲得していて、無尽蔵に分けてくれそう、と感じさせる力がある。

運のいいオーラは生きるうえでの「気構え」から生まれます。むやみやたらに進むんじゃなくて、良いものを柔軟に取り込んでいくような進み方、そしてそれを**みんなに惜しみなく分け与える振る舞いこそが、運の良さそうな人に表れる資質**だと思います。

逆に運の悪そうな人は、一生懸命自分が得たものにしがみついて「これは、俺のもんだ」という独占欲が強い。運のいい人が「あぁ、こんなのあったんか」とガツガツせず大らかに受け止めるのとは対照的です。

ある程度、経験を積んできて人生の曲がり角を経た人でないと、私的所有というものに強くこだわってしまいがちなのかもしれません。**自分が持っているものにこだわらないという境地こそ一つの老いの力**だと思います。

私が持っているものは、もはや自分一人ではそれを使う体力も気力もそうあるもんじゃない。だからみんなで使っていいよという価値転換——「共に分かち合う」ひらかれた大きな気構えこそが、じつは運の良さの正体だと私は見ています。

背中で語れ

最後の「背中で語る」は、その人のなかにある自信なんですね。

人は、自分の後ろで何が起こっているのか不安だと振り返ります。でも、**ゴリラの**

リーダーはまず振り返りません。そのために白銀色の背中（シルバーバック）があるわけです。ジャングルの深い闇のなかでも、シルバーバックが歩いていくと、その背中が暗闇に浮き上がってきます。それがシンボルとなって、群れは「あの白い背中についていけば安全だ」と思って移動するわけです。

背中を見せ続けることが、群れを迷わせないことになっている。

それは、自分は後ろで起こっていることは全部わかっているぞ、という態度です。だから、ゴリラのシルバーバックはいちいち振り返らずに、背中で語る。

ただし、例外があって、子どもが悲鳴をあげたらすぐに振り返って駆け寄ります。子どもの保護はシルバーバックの一番大きな役割で、その力がなければメスが見放すからです。

藤沢周平や池波正太郎が描いた時代小説には、気風《きっぷ》がよく、いさぎよく、ときには身を捨てて他者を助ける人間が登場します。**彼らは私欲に走ることなく、正面から称賛を受けるでもなく、人々の賛辞や喝采を背中で受けて去っていく。**これこそが格好いいリーダーの姿だと思います。

見返りを求めず、背中で語るのが「粋」なんですね。

これらの三つの要素は、人間的な成熟さの指標だと思います。共通するのは他者との関係において開かれた資質であるということ。そんな良い年のとり方ができたらとても素敵ではないでしょうか。

——と、私自身、言葉ではなく背中で語りたいものだと思います。

数をわきまえる

集団と数の法則

高齢者が果たせる大きな役割の一つに、ある集団のなかで食い違う意見をとりまとめたり、異なる集団同士をつなぐハブとして調整を図れたりすることを先に挙げました。とくにコミュニティのなかでリーダー的な役割を担っている方は、そういう役回りになることも多いでしょう。

ここで、コミュニティをうまく回していくうえで欠かせない「集団と数」の法則をお伝えしたいと思います。

前述した「ダンバー数」は、社会集団の大きさは脳の大きさが決めるため、人が安定的に社会的に交流できる人の数は150人くらいだとする理論でした。

これを提唱したダンバーが近年言っていることは、人間のネットワークの**基本は1・5人から始まる**ということ。多くの人にとって極めて親しいパートナーが1人いるので、1・5人が最小の単位と表現されていますが、その3の倍数ごとに、それぞれの集団のまとまり方や機能が変わると分析しています。

1・5×3＝4・5、つまり5人。音楽のバンドとかちょっとしたチームはだいたい4〜5人で成り立っています。**いろんなことを気軽に言い合って、すぐに行動に移せる規模感**です。お互い性格も顔もわかっている毎日会うような人たちで、ここでは何も調整が要りません。ただし、奇数のほうが物事を決定しやすい。

次の5×3は15人。小回りはききませんが、多様な意見を取り入れてどんどん新しいことができるチームの規模です。共感力をもとに作られるので厳しい対立には至りませんが、この数からは異なる意見をまとめるファシリテーターかリーダーが必要になってきます。

次の15×3は45人で、約50人。ここでは組織としての構造が必要になってきて、重要な役割を果たすのが、経験知を持っているある程度年配のリーダー。この規模感においては常に同じメンバーだと議論が煮詰まってしまうため、入れ替わりが必要になります。誰かを放出して誰かを入れるには、出る人が恨みを持たないよう、新しく入る人が不安にならないように配慮し、全体を舵取りする役割もリーダーには求められてきます。

その次の150人までが、ルールを厳格に作らなくても民主的に回していける組織で、リーダーが1人でもギリギリ回すことができる規模です。これ以上になると下部組織や執行部が必要になってくるでしょう。

興味深いことに、ロンドンで100年以上続いている老舗の会社の多くは300人以内だそうです。規模感が大きすぎると、会社の理念をすみずみまで共有して動かしていくのが難しいのかもしれません。

日本では創業100年以上続く老舗企業が4万社を超え、世界でもっとも老舗企業が多い国と言われていますが、その9割以上が中小企業です。小規模なほうが組織としてマネジメントしやすく、存続しやすいのでしょう。

信頼はリアルな対面で作られる

リーダーの役割は、集団をまとめることです。上意下達ではなく、水平思考でみんなの意見を聞きながら、弱い者の意見もないがしろにしないようにしつつ、ある方向へと持っていく。サークル集団とか町内会とか地域の自治会とか、いろいろな規模と形態の組織があると思いますが、集団の数によってみんなの意識は変わることを覚えておく必要があります。

集団をまとめるうえでどうしても必要になってくるのがリーダーへの信頼です。よくルールさえ決めればうまくいくと思っている方が多いのですが、**ルールよりも先に信頼が必要**なんです。この**信頼はリアルな対面でなくては作れません。**

先ほどの話でいえば、5人というのは、毎日会っている人たちです。15人は、1週間に1度会っている人。50人は1ヵ月に1度会っている人。150人は1年に少なくとも1度会っている人です。そして、人は社会的時間の40％を5人まで、60％を15人までの人々と使っているとダンバーは言います。

関係性の維持にはSNSやメールも役立つかもしれませんが、やはり会わなければ、必要な信用は作れないもの。いくらSNSで数十万フォロワーがいてつながっていても、本当に自分が悩みを相談できるような相手というのは150人を越えません。

これは人類の歴史上、ずっと対面を通じて作られてきた身体の同調や共鳴が人と人との関係にはあるからです。700万年という進化史のほとんどを使って築き上げてきた「信頼できる仲間との関係」は、対面コミュニケーションで成り立っています。

情報端末による脳と脳とのつながり合いでは、本当に信頼できる仲間は作れませんよ。

だからいくつになっても、家に引きこもらずに**毎日5人に会わないとダメ**。そしてなるべく毎週15人と会いましょう。

コミュニティに根ざして集団としてうまくやっていくには、それが一番良い方法だと思います。

老いてこそ美しく着こなす

装いに人生の厚みが出る

和服の着こなしの美しさは、年寄りのほうがはえます。和服は平面的な装いだから、年をとって筋肉が落ちて骨ばった体になっても、ぴったり合う。むしろ腕やおしりが筋肉質でデコボコしていたら、帯をしめてもバランスが悪いですからね。

とくに京都は伝統芸能に秀でた年寄りが多いですから、たとえば、裏千家の16代目千宗室さんとか、それはもう素晴らしい着こなしです。あるいは故・4代目坂田藤十郎さんのような歌舞伎役者の和服の着こなしも見事ですよね。

和装は、着物の着方だけじゃなくて、身のこなし方が大切だから、人生の厚みも出るのだと思います。

和服は、身体のラインや凹凸を隠すように作られているから、高齢者、とくに男性は着やすいんですよね。それをうまく活かすと優雅な所作ができるし、袴をはけば自然と威厳が出る。

着物はもともと寸胴体型の日本人が一番美しく見える装いですが、加齢とともにくびれも少なくなっていくので、年をとるほどより似合っていく。

女性の着物も身体の丸みをすっと消して、帯がアクセントとなり、ご高齢の方を美しく見せようという日本の文化の粋な現れではないでしょうか。

ヨーロッパの服は、子どもは大人のミニチュアの服のようなスタイルです。でも和装は、頭の結い方から着物から履物まで大人と子どもは異なります。成長によって装い方が違いますし、年齢や変化する顔の形にあわせて髪の結い方も変わり、未婚女性の振袖から留袖になっていく。着物の柄や帯だって使い分けがある。年齢ごとに美しさを際立たせるこまやかな仕掛けがあります。

若者には若者の服があり、高齢者には高齢者の服がある。いつかあんなふうに着てみたいな、こんな服が似合う年のとり方をしてみたいな、と若者に思わせないといけないんですよ。

後ろ姿の美しさ

もう一つの和装の特徴に、後ろ姿の美しさがあると思います。歌舞伎でも能でも、背中で物語るシーンは多いし、見返り美人という言葉があるように、和服は女性のしなやかな美しさを印象的に魅せます。

すらりとした方を形容して「小股《こまた》の切れ上がった美人」と言ったりもします。「小股」は足の指と指の間を意味するという説や、首のうなじのことをさすという説もあります。後頭部の髪の生え際を襟足といいますから、後者の説はわりと信憑性があると思っていますが、着物の襟のデザインは振り返ったときのうなじの美しさを最大限に引き立たせるものなんですね。

和装は、基本的に性的な魅力を隠す、じつに控えめな装いです。

現代の西洋の服装は身体のラインを強調するものが主流ですが、和服はお尻や胸の形を見せないように帯で隠しているので、うなじの美しさに自然と目がいくような作りになっている。

すると、他人の目がそこにとまると意識しながら、歩かなければならない。後ろ姿は自分では直接見えません。でもそれが重要で、**見えない場所への視線を意識する**ことが、居住まいを正し、しなやかに振る舞う精神性に繋がってくる。

着こなしに、自分なりの色を出していくのが、美しい年のとり方です。

各々のなかに、人生で培ってきた鑑識眼や美意識があると思います。この季節にはこれが美しいとか、この柄はあまり面白くないとか。

年をとったからといって、着やすいからとヨレヨレの囚人服みたいなものを着て歩くようなのは、私は願い下げです。いくつになっても、服は格好良く着たい。

人生の最後は弱々しく悲しいものじゃなくて、美しく立派で人が憧れるものであって欲しいと願う。高齢者は美しいものだ、老いというのは立派なものなんだと、装いから示していこうじゃありませんか。

性の悩みを超えて

発情期を喪失した人間

高齢になっても、性の悩みや問題を抱えている方が結構多くいますが、これは人間だけが持つ厄介な悩みです。

サルも類人猿も、生殖能力が喪失したら、大体5年以内に死にます。人間だけが、閉経後20〜30年生き、男性は部分的に生殖能力を持ち続けます。生殖能力を失っても性交渉ができてしまうことが悩みを深めます。高齢男性の場合は、とっくに精子は劣化しているのに子どもができたりもする。

なぜ人間の性が悩み深いかというと、「発情期」を喪失してしまったからです。

他の動物は必ず交尾期や発情期というものがあり、それは排卵日前の数日〜10日間に限定されています。前述のようにメスはおっぱいをやっているときは、プロラクチンが排卵を抑制しますから決して発情しません。お母さんと、性交渉が可能なメスを両立させることができない。発情している状態と発情していない状態は、くっきり分かれている。

しかし、人間はこの二つを両立させ、発情期がなくなってしまった。だから女性は自分の発情期を認知できないし、男性も女性の発情を認知できない。いわば「いつでも交尾できるし、いつでも交尾できない」という不安定な状態に陥ってしまったのです。

性暴力、とくにレイプが起きるのは人間だけです。

「いやよいやよも好きのうち」といった身勝手な言説が流行ったり、年寄りの男性が柄にもなく若い女性に恋愛感情を持ったりするのも、性的な記号性が溢れすぎている社会と無関係ではないでしょう。靴に発情したりするようなフェティッシュな性的欲望をもつのも人間だけです。

よく、逸脱した性行動を「獣のように」と表現しますが、これは完全に逆です。**動物は礼儀正しい。**メスが発情しなければ、オスは発情できませんから、レイプはありません。獣からしたら、「人間のように」というのが、ぴったりな表現なんですよ。

人間は、社会を拡大するために発情期を喪失しましたが、それは小規模な集団だから成り立つこと。みんな顔見知りの集団で、互いの性格や育ってきた背景もわかっている集団では、性もコントロールしやすい。

ところがいまは高度情報化社会を人は生きています。見知らぬ人たちが日常的に行きかい、ネットでさまざまな出会いがある社会で、互いをよく知らず、ましてや生理状態もわからないなかで、我々は性を制御できていない。「旅の恥はかきすて」とばかり、家族や友人のいない場だと急に羽目を外してしまう者もいます。せっかく社会のなかで認められる仕事をしてきたのに、性をめぐるトラブルで晩節を汚してしまう者までいる。

いま私たちは、男でも女でも、個々人で異なる性的な衝動や欲求を、どう社会的にコントロールしていくかが問われています。

美しく老いなさい

現代社会では、老化を病気と同じように捉えている節があります。だんだん身体の機能が衰えていくのを一生懸命お医者さんにかかって「治そう」とするわけです。何でも壮年期と同じようにできるのが健康の証だと思っている感覚が、年甲斐もない性行動を生む背景にはあるのではないでしょうか。

これは考え方が間違っていて、生命にとって、老いは「治す」ものではなく、共存するものです。

老いを忌避するのではなく、**人生後半戦において、いかに美しく老いるかを考えないといけない。**

年をとって、ゆっくりと身体の機能が衰えていくことはいいことだ、あまり細かいことにこだわらずボケていくのもいいことだと、価値観を転換する必要がある。

能では、翁という存在はただの老人ではなく神の使いだったり、神の化身だったりして、世界の安寧を願って言祝《ことほ》ぐ存在です。狂言では、年寄りの主人が思い違いをしたり、だまされたりしながら、笑い話を演じていくでしょう。

つまり**老人には、この世の中を祝福したり、楽しさや笑いをもたらす存在として、あるいは子どもたちに生きる力を与える存在としての美しさがある。**こういう性を超越した「美的な存在」としての高齢者モデルを現代社会のなかで形作っていく必要があると思います。

仏教でも神道でも、高齢の僧侶や神主さんの立ち居振る舞いには洗練された美しさがあって、昔はそうした光景を日常的に見ることができました。そうした姿にふれて、共同体の人々のなかにも敬虔な気持ちが生まれていた。神事やお祭りで衣装や着物を格好よく着こなす高齢者は、子どもたちの憧れの的でした。

日舞などの伝統芸しかり、書道の筆さばきや、華道の花の生け方、茶道の所作……実際こうしたものを目にする現場に居合わせると、高齢者に品位があってじつに美しく見えるものです。

社会のなかで、そういう高齢者が輝いて見えるような場を作ることが大切だと思います。美意識には、性を超越させる力があるのですから。

終活について思うこと

「縁」の喪失

昨今は終活ブームで、さまざまな雑誌で特集が組まれています。

もうお墓を維持できなくなっている家庭も多いですし、残される子どものことを考えると当然の社会の流れでしょう。身の回りのものを整理したり、自分はどの墓に納めてほしいのか段取りを組んでおいたり、遺書を用意する方も多いようです。

もちろん、それ自体は悪いことではありませんが、死生観の変化に一抹の寂しさを感じます。

いまは死んだら終わり――、なんですね。昔は何十年にもわたって死者を弔うのが一般的で、三十三回忌とかまでやっていたわけです。ところが新型コロナウイルスが拍車をかけたこともあり、お葬式は家族葬が中心になり、関わりのあった友人・知人で死者を長きにわたって悼むことも少なくなってしまった。人々の記憶から消えてしまうのがあまりにも早い。

もともと日本では、死の悲しみを和らげるために、初七日、四十九日、一周忌と、段階を経て、**ゆっくりと死者を偲びつつ、心の中にその存在を残していました。**

私自身、今西錦司さんや伊谷純一郎さん、河合雅雄さんがいまも心のなかに生きています。何か新しいことに出会ったときに、今西さんならどうするだろうと、ふと頭をよぎります。あるいは亡くなった父や大学の先輩とかが浮かんできたりもします。死者という存在と、どこかでつながっている感覚があるのです。

でもこれからは、そんな死者と共に生きるような精神文化も衰退していくのでしょう。それは、信頼できる仲間と支え合う「縁」が社会のなかでどんどん失われているからです。血縁、地縁、社縁……死者が持っていた縁が自らの縁と重なり合うからこそ、死者は心のなかに生き続けてきたのだと思う。

終活は、残していく人たちに「相続で負担をかけたくない」「お金で困らせたくない」「手続きで煩わせたくない」という配慮が先に立ちます。

でも昔はね、さまざまな縁のなかで人は生きていたから、**「あとはみんなに任せるわ」**でぽっくり逝けたんですよ。誰かがきちんと引き継いでくれるという信頼があったから。

終活というのは、死者が人々の心の中に残らなくなったことの裏返しなのかもしれません。

物が人と人とをつないでいた

亡くなった方の所有物が、死後も引き継がれていくことが当たり前だった時代は、物が人と人とをつないでいました。

「これは、お父さんが使っていたよね」「これはお母さんの形見」と、着物やアクセサリーや、道具や家具、家の庭とか、故人の手や心を感じられるものを、残された家族も大切にした。日本は伝統的に、**物には霊性があって使っていた人たちの心が宿っている**とされ、とくに職人さんの世界ではそんな精神性が大事にされていました。

ところがいまは所有は私的なもので、家族やコミュニティで引き継ぐものではなくなってしまった。遺産争いとか、むしろ物は人と人とを分断するものになってしまっている。

その背景には、私たちの社会が所有を原則とした社会で、所有物によって人間の価値が計られてしまうこともあるのでしょう。しかも、その所有物の価値は自分が決めるのではなく、マーケットが金銭的価値を決めている。着ている服や自動車や家はみんなマーケットが値札をつけた価値です。

元来、服だって食べ物だって、場所や状況によって全然価値が違ってきますし、昔は自分たちの手で作っていた。**物の価値は、それぞれの小さな文化圏のなかで自分たちで決められる社会**でした。

所有物とは、私のものであると同時に、みんなで引き継いでいくものという時間性を含んでいたように思います。

私がいま住んでいる家は妻の家系が代々引き継いできた古い家ですが、何世代も前の人の着物がいっぱい残って置かれているので、仕立て直して使ったりするんですね。そこかしこに溢れるそんな物たちが時空を超えて、次の世代で再利用されるわけです。

マーケットの外側で、物を人と人とがつながる起点にするのです。

生産者と消費者が、自分たちで市場価値を決められるような間柄になったり、祖父や祖母が残してくれた昔のおもちゃを近所の子どもたちにあげたり、物を通じて人との関係をつくっていく。

高齢者は物の価値をよく知っていますから、それが世の中にどう出回り、誰が使ってきたのか、物の歴史の語り手になることだってできます。古い物に秘められた価値を伝えていけます。

そんな社会に立ち返って、遺される物がみんなに引き継がれていくとき、終活もまた新しい形になるのではないでしょうか。

死とどう向き合うか

動物は死から生を考えない

動物は死を元に自分の生き方を考えるわけではありません。あくまで死は「訪れるもの」です。

長年ゴリラを研究してきて言えるのは、彼らは他の個体の死も見ていて、死はどういうものであるかは知っています。だけど、それに対して身構えながら生きていくことは一切ない。あるがままに生きています。

ゴリラが死を目前にしたときは、野生でも動物園でも、だんだん食べなくなります。食が細くなり、筋肉や脂肪も落ちて、どんどんガリガリになっていく。体力が衰えて、最後は耳もあまり聞こえなくなり、自然にスーッと死んでいく。それはまるで仏教の世界でいう即身仏——食を絶って聖なる存在になっていくようにすら感じます。

それは一番いい死に方という気もします。

ひるがえって、**人間は、いつのころからか死を前提に人生設計をする**ようになりました。

有性生殖をする動物は、次世代に自分の生を譲ることが宿命づけられています。無性生殖の生き物は、分裂してクローンをどんどんつくって生きているので世代交代という概念がありませんが、有性生殖をする動物は減数分裂をして、新たな組み合わせで、新しい世代を作るわけです。

ダーウィンの進化論では、自分の子孫をより多く残す個体の遺伝子が継承されていくと考えますが、人間はそこに「自分」という自我を芽生えさせました。

動物も、個体は個体として生きていますが、そこで自分の生き方を設計したり、自分と他者の違いを認識して、それを際立たせるためにアイデンティティを考えたりはしません。自他の境界が曖昧で、自分を動かす主体にもなれば、集団に溶けてしまう

「私たち」としての存在でもある。

しかし人間は常に自分を意識させられてしまう存在で、死を前提に、有限の生のあり方を考えながら、生き方を考えます。宗教においては自分を見ている超越した存在があると考えますし、教育を通じて、自分を社会から見た視点で捉えることもできます。

自分を外から俯瞰して見る視点は、人間に固有の認知能力です。

有限性のなかで人生設計が始まる

そこには「死の自覚」が深くかかわっていると思います。

人は幼少期から成長するいずれかの段階で、身近な人やつながりのある人の死を経験するものです。そこで人間は死する存在だということを否が応でも考えざるを得ません。子ども心に、自分の命は有限なものだということを悟るわけです。その有限性のなかで、自分の人生設計が始まっていく。

人は自分の将来の姿を誰かのなかに見ます。たとえば「大谷翔平さんのようになりたい」とか憧れる人物像があって、そこに未来の自分の姿を重ね合わせて生きる目標にすることができる。そこに向かって努力をすることが、人間の子どもはできるようになる。

ひるがえって言えば、それは死というものが最終的にあるからです。**自分の人生でどうやって光り輝くかを、あるとき見定めるようになる。**そしてその子の目標を周囲が知って背中を押すのが教育です。

チンパンジーもゴリラの子どもも、目標を立てて努力することはありません。憧れの対象に向かって、学び、努力をするのは人間に固有の行動です。

言葉を獲得した人間は、**「因果関係」**で世界をとらえることができます。因果関係は、時間軸に沿って、物事が起こった現象を把握したり、その原因を探ったり、これから起こることを推論する力です。

ゴリラもチンパンジーも過去に起こったことを憶えていますが、それは何枚もの絵のように積み重なっているだけで、そのあいだの時間的なつながりや因果は意識していないと考えられます。先にタイタスと26年ぶりに再会したときの話を書きましたが、私と一緒にいたころの思い出が一枚の絵のようにして残っていて、そのときの気持ちになれたのだと思います。

我々人は言葉を通じて、時間認識のなかに因果関係を求めて、過去と現在と未来をつなぎ、だからこそなぜ（why）、どのようにして（how）という思考も可能になった。人生の時間軸の最終ゴールに死がある。どんな人間も等しく死ぬ――これを悟ってから、有限な人生をどう生きるかが課題となります。

限られた時間軸のなかで死をとらえるからこそ、人は生きる意味を考えます。仮に人が死なない身体だとしたら、なんどでも無限にやり直せるし、いつまでにこれこれを達成しなければならないという必然は何もありません。時間軸のなかで、ゴールに向かって流れとして意味のある物語を作る必要はないわけです。

つまり、人間は「歴史的存在」であるために、死をゴールにすえた有限の時間のなかでみずからの生に意味を求めて、命を燃やすのです。

一期一会という覚悟

死は、いついかなる形で訪れるか、誰にもわかりません。長期スパンで人生設計を立てても、突然交通事故にあったり、病気になって死ぬことだってあるでしょう。

現代社会に生きていると、あたかも人は死なないものと錯覚してしまう節があります。死は身近で地続きなものというよりは社会のなかで隠され、高度に発達した医療がかなりの救命・延命を可能にしているからです。

数年前に、『LIFESPAN　老いなき世界』（デビッド・A・シンクレア著）という本が出ました。ハーバード大学医学部で遺伝学の研究をしてきた著者は「老化は病気である」と宣言し、遺伝子の働きがおかしくなるのが老化であり、ゲノム編集技術で直せば老化は防げ、寿命も延ばせると訴えたその報告は、大反響を呼びました。

しかし、いくら医学が進歩しようと、有性生殖の個体はいつか必ず死にます。

かつての狩猟採集民、いまでもそうした暮らしをする人々は、人生がそれほど長いものであるとみなしておらず、死はいずれ、あるいはふいにやってくるものという感覚をもって生きています。それが本来のあり方だと思うのです。

日本には「一期一会」という言葉があります。もともとは千利休が茶道の心得として語ったこの言葉は、なにごとも一生に一度かぎりの機会であると思って誠意を尽くして臨む大切さを説いています。

死は避けられないものです。老年期になったからといって、過度に死を恐れたり、自分がこの世から消えてなくなることを日々鬱々と考えたって仕方がありません。

人生は有限の時間だからこそ、一期一会という覚悟を持って生きる——。

そんな思考の構えのなかにこそ、人間の生きる意味は横溢しているのではないでしょうか。

自然の時間を取り戻す

時間は未来から流れている

ゴリラの群れのなかに入って一緒に暮らしてみると、彼らが自然の時間にぴったりと寄り添って生きているのを実感します。

地球の自転と公転によって光は刻一刻と変化し、その変化によって生物の暮らしは左右されています。光や熱のエネルギーは植物や菌類によって取り込まれ、多様な動物がそれを摂取することで生態系は成り立っている。そんな**物質とエネルギーが循環してゆく流れは、自然の時間そのもの**です。

自然はつねに変化しています。その変化を生物は予感し、少し先取りしながら対処しています。

かつて哲学者の西田幾多郎は「時は一瞬一瞬に消え、一瞬一瞬に生れる」と言い、時間を「現在から現在へと動き行く」非連続の連続として捉えました（『西田幾多郎全集』）。生物は、過去の蓄積のうちに現在を生きているわけではなく、未来からやってくる一期一会の自然現象に対処できるよう身構え、その瞬間、瞬間を生きています。そしてそこには「無限の過去未来が現在に同時存在」すると考えました。

それが本来の、生物の時間のあり方なのです。

時間を止めて文明を作った人間

しかし、そもそも自然の時間を止めて、新たな世界を創造したのが人間です。

260万年前、オルドワン石器と呼ばれる**世界最古の石器**が現れます。動物たちが使う木の枝のようなものと違って、石器は壊れずに再現性が高い道具です。それまでの脆弱な道具では一回限りだった行為が再現性をもち、つまり現在の時間を止めて過去の時間を映し出すことができるようになりました。

その次の時間をめぐる革命は、100万年前ごろから始まる**火の使用**です。火によって食べ物は消化しやすくなり、肉食動物の脅威にたいする安全性も高まります。火のまわりで人は集い、歌い、踊ることによって団結力を高め、現世とは違う世界へと想像力を拡大したのです。

この音楽的なコミュニケーション――踊る身体と歌う能力の発達により、仲間と共有する時間を自ら作ることができるようになったわけです。

約7～10万年前に現れたのが言葉です。言葉は、過去・現在・未来をつないで因果関係で理解し、物語を作ることができます。何年も前に起きたことを昨日の出来事のように伝えることもできれば、未来のことを明日のことのように語ることもできる。**言葉による物語によって、人間は時間を自由に解釈できるようになった**のです。

そして1万2000年ほど前に、農耕・牧畜を開始した**食糧生産革命**が起こり、人間と自然との関係は激変します。人は有用な植物と動物を選び、繁殖をコントロールして生産性を高め、作物や家畜の世話をするために定住して、それらを「所有」するようになりました。農耕は農事暦に沿って管理されるようになります。

食料の貯蔵が可能になったことで人口が増え、各地への人間の進出が可能になり、交易も活発になり、巨大文明が勃興しました。文字によって行為やものの価値を固定化し、通商や交渉の対象にできるようになったのです。

やがて産業革命が18世紀の終わりに起こると、都市がつくられ、工業生産が始まり、自然の時間から人工的な時間への移行は加速しました。生産性を高めるために、**労働者は時間単位で価値が測られるようになり、時間は人間を管理する手段となります。**

資本主義という経済体制と、国民国家という政治システムはこの時代に生まれ、国益の拡張を目指す戦争や植民地主義が正当化されます。二つの世界大戦を経て経済を中心にした資本主義体制が主流になり、国民のすべてが社会・経済を動かす担い手となりました。

グローバル企業の勃興により、各地域の産業はグローバルな市場に統合され、大量生産・大量消費・大量廃棄が行われるようになります。人間の発明した科学技術が自然の時間を止め、人工的な時間で世界を作り変えていきます。デジタル通信機器の急速な発展により、人間はかつてないスピードで情報にさらされ、コミュニケーションをとり、生物的な時間を失うことになったのです。

自然の時間に戻ろう

そんな時代を生きる私たちは、地球の生態系の一部である人間のあり方を問い直すときに来ているのではないでしょうか。人間が工業的に作り上げた時間をいったん留保し、自然の時間の流れに身を置くのです。

元来、子どもは自然の時間に合わせて生きる存在です。風や草花の匂いや木漏れ日を全身で感じています。ところが、成長するにつれて人工的な環境に身体や心を合わせ、その時間に適応していくようになる。国民国家の成立とともに現れた教育制度は、こうした人工的な時間に従順な人材を育てることが目的でした。

しかし、**人は老いとともに、身体が自然に合わせるようになります。**

壮年期の人たちは「自分の時間」を生きているから、コントロールできない自然の時間は煩わしく感じるものです。「時間を分母にした」効率を追求した感覚が社会の隅々まで浸透していますから。

しかし、ふとそこから解放されるとき、風がそよいで木立が揺れるような自然の時間の流れに、自らの身体を共鳴させていくことができるのです。

それは、**虫になり、鳥になり、木になり、川の流れそのものになるような、自然とともに在る時間**です。そこには、命の根源的な喜びと豊かさがあるのではないでしょうか。

かつて詩人の山尾三省は、著書『アニミズムという希望』のなかで、**慰めや喜びを与えてくれるもの、畏敬の念を起こさせるものはすべてカミだ**と記しました。カミに向かい合うとき、植物であろうと岩であろうと海であろうと語りかけてくる。そこに自分のまことが現れるのだという。

これは私にとっても、アフリカの熱帯雨林でゴリラの群れのなかで過ごしているときに、強く感じてきた感覚です。

すべての生きとし生けるものに魂が宿るというアニミズムにおいては、自然はコントロールするのではなく、寄り添うものという感覚があります。そういう自然観のなかで長い時間をかけて日本人の情緒は形作られてきました。

自然の時間にゆっくりと身を委ね、生命の根源的な喜びに立ち返るのです。効率とは無縁でいられることは老年期の大きな特権です。

そこには、**刻一刻と変化する自然の予兆に心躍る豊かさ**もまたあるのではないでしょうか。

そう、美しい時間が未来から流れ込んでくるのです。

あとがき

気候変動はグローバルな現象だけれど、自然の営みや災害は地域的なもの。同じように「老い」は生物圏に共通なグローバルな現象であるけれど、その現れ方は生物の種類によって異なります。とくに人間では、生物としての特徴だけではなく、個人個人が生きてきた文化の違いが色濃く現れます。

だから人間の老いを考えるためには、**自然の存在である人間と歴史的な構築物である文化との調和がどのようにして成り立つのかに目を向けねばならない**のです。

科学技術によって地球環境を大規模に改変し、他の生物を押しのけて人間圏を拡大してきた結果、今我々は地球の再野生化という事態に直面しています。人間の支配下にあって人間に馴れ従うと思ってきた自然が、突如として牙をむいて襲いかかってきたのです。化石燃料の過剰使用によって二酸化炭素が激増し、大気や海水の温度が上昇しました。しかも、自然からの収奪によって二酸化炭素を吸収する森林や藻場が激減し、気温の上昇が止まらずに各地で災害が勃発しています。生物多様性が減少して、今まで抑えられていたウイルスが変異を起こして家畜や人間に大感染を引き起こすようになりました。

人間の社会にも同様の現象が起こっています。医療技術の発達によって、この100年間に世界の人口は4倍に膨れ上がり、1万年前に500万人ほどだった人口は82億を超えました。この人口の半分以上が自然との関係が薄い大都市に居住しています。先進国の寿命もこの100年間で20年以上延びました。さらに少子高齢化の波が高まって経済や福祉に大きな問題が起きつつあります。未来の世代が増えていく時代には順調に世代間の受け渡しができ、成長していく経済の見通しが立ったのに、膨れ上がる高齢者を若い世代が支えきれなくなっているのです。

さらに、情報通信革命によって常に更新される情報に価値が増し、高齢者の持っている過去の経験や知識が若い世代にとっては無価値なものになりつつあります。人と人とをつないでいた縁も薄れ、人々は人への信頼ではなく、社会制度やシステムを頼りにして生きるようになりました。その結果、人々をつなぐ役割を果たしてきた高齢者の存在が急速に薄れつつあるのです。

今から10年ほど前に、私は文明学が専門の横山俊夫さんが編集した『達老時代へ』という本の1章を担当しました。そこで横山さんが**「達老」**を**「ものごとに通じ、俗事を自在に超えうる力をえた老人」**と定義しています。

この語の初出は11世紀の北宋時代ですが、18世紀の江戸時代にまさに達老の定義にふさわしい領域が花開いたと言います。戦いもなく、家業を次世代に譲る意識が強かった時代で、いつからが老境といった明確な年齢区分はなく、現役を引退してからの歳月をどう送るかに人々は知恵をめぐらしていました。その頃に日本固有の花鳥風月を彩るさまざまな文化が生まれたわけで、これらは達老たちが編み出した文化の厚みと言ってもいいかもしれません。

その時代と真逆の風潮が現代を染めています。いつまでも現役でいたいという意識が強く、健康で力強い身体に固執し、あらゆる手段を講じて若くあろうとします。いったん高い地位や権力を得るとなかなか引退せず、その力をふるい続けて周囲に迷惑をかけまくる。**譲り、伝え、寄り添うことが魅力だった老境の心構え**が、壮年期の競い、獲得し、自己主張するままに続いていくようになりました。これでは平和な世代交代が起きず、生物圏の原則に反して世代間の葛藤が増え、社会が不安定になってしまいます。

現代の閉塞状況を作ったのは、人間中心主義の世界観や利己的な社会観で、その出発点は17世紀の西洋にあったと私は見ています。

イギリスの思想家フランシス・ベーコンは、自然は人間に役立つために存在し、技術によって改善されて意味あるものになると説きました。同じくイギリスのトマス・ホッブズは、人間の自然状態は絶え間ない闘争状態にあるとして、そこに秩序をもたらす大きな権力にすべてを委ねなければならないと主張しました。フランスのルネ・デカルトは、考える主体、すなわち精神の重要性を説き、それ以外のすべてのものは人間の身体も含めて物理学や幾何学の法則に従う物質であると見なしました。このデカルトの考えは現在のＡＩ（人工知能）に行き着きます。ＡＩは身体も意識もなく、情報を得て「考える」機械であり、いずれは主体となって身体を持つ人間をも支配するようになるかもしれないのです。

でも、これらの考えは間違いだったのではないでしょうか。自然は人間が改変しなくても、それだけで人間にとって価値あるものです。殺人を含む暴力や戦争は人類の700万年にわたる進化史の最後の1万年前後に現れたもので、決して人間の本性ではありません。

日本の哲学者である西田幾多郎や梅原猛、それに日本の霊長類学の始祖である今西錦司は、「われ思うゆえにわれあり」ではなく、**「われ感ずるゆえにわれあり」**のほうが正しいと喝破しました。**人間は身体を持ち、五感で他の生物のネットワークのなかに組み入れられて進化してきた存在**なのです。それを忘れてはなりません。

有名なスフィンクスの問いがあります。

「朝は四本足、昼は二本足、夕は三本足で歩く生き物は何か」という謎かけですが、これは人生を一日にたとえた人間の歩みを示しています。そして、それは人類の進化をも表しているのではないかと私は思います。人類は四つ足で歩くサルや類人猿の一部として出発しました。独自の道を歩み始めたときに二足で立ち、やがて文明を築いて科学技術に頼って生きるようになりました。つまり、科学技術は老化した人類が弱い体を支える杖なのです。

しかし、本当の杖は科学技術ではなく、**社会力**ではないかと私は考えています。人類は身体を強化して新しい環境に対処してきたわけではありません。弱みを温存しながら共感力を鍛えて社会力を増し、協力し合いながら困難な事態を乗り越えてきたのです。その原動力になったのは経験ある高齢者、すなわち「達老」です。

本書で述べた通り、老齢という現象は自然でもあり、文化の側面でもあります。これまで科学技術は個人の能力を拡大し、その積としての文明の力を増大してきました。しかし、それでは地球が壊れてしまう。技術ではなく知恵を使いながら、地球や生物圏に優しい人間の暮らしをデザインしていかねばなりません。それは**利他の精神と遊び心に満ちた高齢者の役割**です。そして、その伝統は日本にこそ力強く息づいていると私は思うのです。

本書が少子高齢化社会を迎えつつある世界に一石を投じ、新しい未来を創る一助となれば幸いです。

2025年2月

山極寿一

山極寿一　やまぎわ・じゅいち

1952年東京生まれ。霊長類学者、人類学者。総合地球環境学研究所所長。日本モンキーセンターリサーチフェロー、京都大学霊長類研究所助手、京都大学大学院理学研究科教授などを経て、2020年9月まで京都大学総長を務める。国際霊長類学会会長、日本学術会議会長などを歴任し、2021年4月より現職。主著に『暴力はどこからきたか』『家族進化論』『「サル化」する人間社会』『ゴリラからの警告』『共感革命』『争いばかりの人間たちへ』などがある。

ブックデザイン　西垂水敦・岸恵里香(krran)
構成　山本浩貴

老《お》いの思考法《しこうほう》

2025年3月27日　第1刷発行
2025年7月20日　第2刷発行

著　者　山極寿一《やまぎわじゅいち》

発行者　松井一晃
発行所　株式会社文藝春秋
東京都千代田区紀尾井町3-23
郵便番号　102-8008
電話　03-3265-1211(大代表)

DTP　ディグ
印刷所
製本所　光邦

　ISBN978-4-16-391964-5　Printed in Japan

クレジット

【写真】33頁上段　Getty Images／33頁下段、34頁、155頁上段左、下段右、156頁　山極寿一所蔵／155頁上段右　伊谷原一氏所蔵／155頁下段左　文藝春秋所蔵

「人間の老年期とは何か」

「思春期とは何か　ゴリラからの提言」改題、『高校生と考える　21世紀の突破口』2023年、左右社

「自然の時間を取り戻す」

「人間と動物の境界はどこにあるのか？　人間は時間を止めて文明を作った」改題、『現代思想』2024年1月号、青土社

収録にあたって大幅に改稿しています。

「あとがき」を除き、他は語り下ろしです。